KB200597

자녀를 위해 어떻게 기도해야 할까?

말씀으로 기도하는 엄마

말씀으로 기도하는 엄마

지은이 | 황숙영
초판 발행 | 2021. 9. 8
8쇄 발행 | 2025. 1. 2
등록번호 | 제1988-000080호
등록된 곳 | 서울특별시 용산구 서빙고로65길 38
발행처 | 사단법인 두란노서원
영업부 | 2078-3333   FAX | 080-749-3705
출판부 | 2078-3331

책값은 뒤표지에 있습니다.
ISBN 978-89-531-4063-9 03230

독자의 의견을 기다립니다.
tpress@duranno.com   www.duranno.com

두란노서원은 바울 사도가 3차 전도여행 때 에베소에서 성령 받은 제자들을 따로 세워 하나님의 말씀으로 양육하던 장소입니다. 사도행전 19장 8-20절의 정신에 따라 첫째 목회자를 돕는 사역과 평신도를 훈련시키는 사역, 둘째 세계선교(TIM)와 문서선교(단행본·잡지) 사역, 셋째 예수문화 및 경배와 찬양 사역, 그리고 가정·상담 사역 등을 감당하고 있습니다. 1980년 12월 22일에 창립된 두란노서원은 주님 오실 때까지 이 사역들을 계속할 것입니다.

말씀으로
기도하는 엄마

자녀를 위해
어떻게
기도해야 할까?

황숙영
지음

두란노

목 차

PART 2.

자녀를 세우는 엄마의 기도

PART 3.

자녀를 향한 엄마의 기도 실전

저자는 '한국 기도하는 엄마들' 대표로 섬기고 계십니다. 저자는
이 책에서 엄마들이 왜 기도해야 하며, 무엇을 기도해야 하며, 어떻
게 기도해야 하는가를 가르쳐 줍니다.《말씀으로 기도하는 엄마》는
성경적 기도의 모범입니다. 말씀을 붙잡고 드리는 기도가 가장 성경
적이며 강력한 기도입니다. 저자는 이 책에서 기도를 통해 자녀를 키
우고 세우는 법을 가르쳐 줍니다. 자녀와 가장 많은 시간을 보내는
사람이 엄마입니다. 그래서 엄마가 변화되면 자녀가 변화되고, 자녀
가 변화되면 세상이 변화됩니다. 이 책은 기도를 통해 엄마가 변화
되고, 엄마의 기도를 통해 자녀가 변화되는 길을 제시합니다. 우리를
기도의 자리로 나아가게 하는 이 책은 보석입니다. 말씀을 따라 기도
하는 법을 배우길 원하는 엄마들에게 이 책을 추천합니다.

강준민 목사(L.A. 새생명비전교회 담임)

코로나19가 가져온 과제 중 하나는 '다음 세대에게 어떻게 신앙의 유산을 물려줄 것인가?'에 대한 고민입니다. 예배 장소가 교회에서 각 가정의 삶의 자리로 옮겨가면서, 자녀의 신앙에 있어 부모의 역할이 더욱 중요해졌습니다. 그렇기에 황숙영 사모님의 《말씀으로 기도하는 엄마》는 지금 이 시간에도 자녀를 위해 거룩한 부담감으로 고군분투하며 기도하는 모든 부모님에게 큰 힘이 되어 줄 것입니다.

김병삼 목사(만나교회 담임)

코로나19의 장기화로 인한 여러 어려움 중에 부모로서 가장 염려되는 문제는 역시 자녀입니다. 어느 때보다 자녀를 위한 기도가 절실합니다. 황숙영 사모님의 책은 자녀를 위해 엄마가 어떻게 기도해야 하는지 구체적으로 알려 주는 시의적절한 지침서입니다. 황 사모님이 소개하시는 '말씀 기도'의 원리대로 말씀에 근거하여 구체적으로 드리는 기도가 능력이 있습니다. 말씀을 묵상하고 자녀를 위한 하나님의 뜻을 구하며 간절히 기도할 때, 가정마다 주의 말씀이 흥왕하여 세력을 얻는 은혜가 임할 줄 믿습니다.

김양재 목사(우리들교회 담임)

4년 전 처음 접한 MIP가 지금은 제 삶의 심장부가 되었습니다. MIP 기도는 엄마들을 하나님께 매달리게 하는 생명줄이 되었고, 자녀들에게는 하나님의 축복을 전달하는 젖줄이 되었으며, 교회에는 날마다 성도들을 기도로 연결해 주는 핏줄이 되었습니다.

남편은 코로나 상황 중에도 MIP로 기도사역이 지속되며 더욱 견고해져서 감사하다고 합니다. 한국 MIP를 위해 헌신하시는 황숙영 사모님의 귀한 책《말씀으로 기도하는 엄마》를 통해 더 많은 '기도하는 엄마들'이 이 땅 가운데 세워지기를 간절히 소망합니다.

김영주 사모(침산제일교회)

지금 한국 교회의 가장 큰 과제는 경건한 다음 세대를 일으키는 것입니다. 그런데 많은 그리스도인 부모가 자녀를 위하여 간절히 기도하지만 깊은 좌절에 빠져 있기도 합니다. 우리의 문제는 안타까운 마음으로 기도하지만 자녀와 문제만 바라보는 것입니다. 우리가 바라보아야 하는 것은 하나님이고, 귀 기울여야 하는 것은 하나님의 말씀입니다.

이 책의 저자인 황숙영 사모님은 수영로교회 이규현 담임목사의 아내로서 교회 안의 기도 사역을 섬기며, '한국 기도하는 엄마들'(MIP)을 이끌어 오고 있습니다. 저자는 자녀를 위한 최고의 기도는 하나님이 말씀하시고 약속하신 것들이 아이의 삶 속에서 그대로 이루어지기를 간구하는 것임을 깨닫고 '기도하는 엄마들'과 함께 말씀으로 기도하는 일을 계속해 왔습니다. 그 과정에서 받은 많은 은혜와 실제 기도하는 데 도움이 되는 지혜를 책으로 엮어 출간하였습니다. 경건한 다음 세대를 일으키기 위하여 기도하는 모든 이들에게 이 책을 강력히 추천합니다.

유기성 목사(선한목자교회 담임)

지금 이 세대는 마지막 종말의 징조들을 많이 보이고 있습니다. 바벨론과 같은 이 시대 문화 속에서 우리의 자녀들을 키우는 일이 큰 염려가 아닐 수 없습니다. 이 책에 거기에 대한 해법이 담겨 있습니다. 다른 어떤 것이 아닌, 바로 자녀들을 위한 기도입니다. 황숙영 사모님은 기도의 어머니입니다. 이규현 목사님과 더불어 평생 기도로 목회를 해 오신 분입니다. 지금도 수영로교회의 모든 목회는 기도와 말씀으로 이루어져 있습니다. 자녀들을 위한 어머니 기도회는 교회의 중요한 핵심 사역입니다. 철저한 말씀의 바탕과 현장 사역 경험을 쌓아 써 내려간 이 책은 이 시대에 자녀를 키워 내는 모든 부모에게 엄청난 도전과 이정표를 제시해 줄 것이라 확신합니다.

최성은 목사(지구촌교회 담임)

프롤로그

자녀를 살리는 엄마의 최고의 선택!

요즘 신문 보기가 싫을 정도로 끔찍한 범죄들이 줄을 잇고 있습니다. 거리에서, 동네에서, 학교에서, 이제는 그것도 모자라 아예 집 안에서 대놓고 죄를 범해 우리 모두에게 충격을 안겨 주고 있습니다. 도대체 대한민국이 어쩌다가 이 지경이 되었을까 안타까움이 몰려옵니다. 무엇보다도 한창 인생의 무지개 꿈을 꿔야 할 여리고 푸릇한 우리 자녀들이 스스로 목숨을 끊는 일이 가장 가슴 아픕니다. 비보가 날아들 때마다 '이번엔 또 무슨 일로?' 하는 마음에 가슴이 '쿵' 하고 내려앉습니다. 한순간 그 아이의 엄마가 되고, 이모가 되고, 고모가 되어 가슴을 치며 눈물을 흘립니다. 어쩌다 그렇게 되었을까? 그 아이의 마음을 되돌릴 방법은 없었나? 그 어디에도 길이 없었던 걸까?

우리 자녀들이 몸살을 앓고 있습니다. 집에서는 부모의 지나친 기대와 관심이, 때로는 무관심과 방임이 자녀들을 구석으로 내몹니다. 학교에서는 친구들 간의 경쟁, 폭력, 왕따 문제가 자녀의 심신을 고달프게 하고, 사회적으로는 인터넷, SNS, TV 등 온갖 매체가 자녀의 영혼을 어지럽힙니다. 이들이 안전함을 느끼며 평안을 누릴 만한 곳이 별로 없어 보입니다. 편안한 관계 속에서 상호 존중하는 태도와 책임 의식 등을 자연스레 배우고 익힐 기회는 점점 사라지고, 살벌한

14

견제와 비교 의식에 물질 만능주의까지 우리 자녀들을 옥죄고 할퀴니 이들은 중압감과 상처들로 인해 고통당할 수밖에 없습니다.

이런 현상 이면에는 경쟁 사회에서 살아남기 위해 끝없는 전쟁을 치르며 여기까지 온 기성세대가 부지불식간에 만들어 놓은 구조적 모순과 잘못된 세계관이 있습니다. 이것들이 낳은 빈부격차와 같은 악이 다음 세대를 병들게 합니다. 내 아이만 괜찮으면 되는 세상이 아닙니다. 언제, 어디서 무슨 일이 일어날지 아무도 모릅니다. 갈수록 세상은 어두워져 갈 뿐 해결책은 보이지 않습니다. 자녀의 고통은 엄마의 고통이며 가정의 고통입니다. 우리 교회와 사회의 고통이기도 합니다.

자녀를 키우는 엄마라면 모두 자기 자녀가 잘되기를 바랄 것입니다. 뭐든 해 주고 싶고, 도와주고 싶은 것이 부모 마음이지만, 자녀들이 커 갈수록 부모는 한계에 부딪힙니다. 결국 우리가 붙들 것은 기도뿐입니다. 오직 애통하는 마음으로 드리는 눈물의 기도뿐입니다.

십자가를 지고 가시는 예수님을 따르며 슬피 우는 여자들에게 주님이 말씀하셨습니다.

예루살렘의 딸들아 나를 위하여 울지 말고 너희와 너희 자녀를 위하여

울라_눅 23:28

    고통당하는 우리 자녀들을 바라보며 누구보다도 마음 아파하시는
주님이 "너희 자녀를 위해 나와 함께 울자"고 말씀하시는 것만 같습
니다.

    그동안 저는 한국 '기도하는엄마들'(Moms In Prayer, MIP)을 섬기며 기
도를 통해 역사하시는 하나님을 보았고, 체험해 왔습니다. 하나님은
고통 한가운데서 주저앉기보다는 오히려 일어나 부르짖는 엄마들의
기도를 들어주셨습니다. 우리 엄마들이 기도의 자리를 지키며 끈질
기게 기도하자 하나님은 먼저 당신이 어떤 분이신지를 알려 주셨고,
또 기도한 것 이상으로 풍성하게 응답해 주셨습니다. 그 덕분에 자녀
와 문제만 바라보던 엄마들의 시선이 하나님을 향하게 되었고, 감사
할 조건이 없어도 감사하게 되었으며, 상황과 환경에 따라 요동하기
보다는 약속의 말씀을 붙잡고 계속 인내하며 기도하는 법을 배우게
되었습니다. 감사한 일이지요. 가장 감사한 것은 엄마 자신이 변화되
었다는 것입니다. 엄마가 변하면 자녀가 변하고, 가정이 변화합니다.

기도하는 엄마가 있는 한 자녀는 절대 망하지 않습니다.

이 책이 자녀를 위해 기도하고 싶지만, 어떻게 기도해야 할지 몰라 막막해하는 엄마들에게 도움이 되기를 원합니다. 책의 내용은 제가 MIP 기도 훈련 시 엄마들에게 했던 강의와 매주 제주극동방송에서 북방의 성도들을 위해 방송했던 원고들을 모아 구성하였습니다. 전반부에는 기도에 대한 우리의 일반적인 생각과 태도와 방식에 관해 얘기했고, 후반부에서는 MIP 기도의 특징인 말씀 기도 및 합심기도와 4단계 기도 방식에 관해 자세히 설명하였습니다. 그리고 여러분이 기도하는 데 실제적으로 도움이 되었으면 하는 마음으로 기도의 실전도 넣었습니다.

한국 MIP는 말씀 기도의 원리를 우리 자녀들에게도 동일하게 적용하여 '기도하는 아이들'(Children In Prayer, CIP), '기도하는 청소년들'(Youth In Prayer, YIP)이라는 프로그램을 만들어 자녀들이 어릴 때부터 말씀과 기도의 능력이 무엇인지를 경험하게 하고, 이들이 성령 충만한 복음의 세대로 자라도록 돕고 있습니다. 또한 이것을 주일학교 양육 프로그램으로 삼아 다음 세대를 말씀 기도로 훈련하게 하는 교회들도 생겨나고 있습니다.

그동안 많은 엄마들이 이 기도 방식을 삶에 적용하여 수많은 응답과 변화를 경험하였습니다. 많은 사모님들이 교회에 접목함으로써 교회 안에 기도의 사람들을 세울 수 있었고, 그 결과 기도하는 교회로 바뀌어 가고 있다는 소식을 전해 듣곤 합니다.

무엇보다도 보람된 것은 우리 자녀들이 매일 가장 많은 시간을 보내고 있는 학교 현장의 변화를 위해 엄마들이 기도하고 있다는 것입니다. 지역별, 학교별로 모이는 MIP의 '학교기도모임'에서는 학교 선생님들, 직원들, 학생들과 학교의 정책, 행사 및 교내 환경과 영적 분위기 등이 모두 성경적 가치와 높은 도덕적 기준하에 이루어지길 기도하고 있습니다. 이때도 물론 4단계 기도법이 사용되고 있습니다.

더욱 고무적인 것은 기도하는 엄마들을 보고 자라는 자녀들이 스스로 '학교기도모임'을 만들고 있다는 것입니다. 자녀들이 학교에서 그리스도인임을 드러내며 삼삼오오로 모여 학교를 위해 기도하고 있습니다. 교내 전도 축제를 열어 초청되어 온 친구들에게 복음을 전했더니 모두 주님을 영접했더라는 간증도 들려옵니다.

'기도하는 엄마들'을 사용하셔서 경건한 다음 세대를 일으키시고, 이 땅의 학교들을 회복시키실 하나님을 기대합니다. 더 나아가 북한

땅에도 기도하는 엄마들을 세우사 그 땅에서도 거룩한 다음 세대가
일어나 우리 한민족이 세계 복음화의 기수로서 하나님의 손에 높이
쓰임받는 비전이 이루어지길 원합니다.

부족함에도 불구하고, 이 책이 나올 수 있도록 애정을 기울여 주신
많은 분들에게 감사의 마음을 전합니다. 두란노 편집팀의 수고에 감
사하며, 수영로교회 편집팀과 김나빈 목사님께 감사 인사를 드립니
다. 한국 MIP를 통해 이 땅에 기도의 사람들을 세우시는 하나님께 모
든 영광을 올려 드립니다.

"주여, 이 땅 곳곳에 기도하는 엄마들이 세워지게 하소서! 저 북녘땅에
도 자녀와 학교를 위해 기도하는 엄마들이 세워지게 하소서. 아멘!"

2021년 9월
황숙영 사모

PART 1.
자녀를 위한 기도의 자리로

1. 왜 기도인가

기도는 인간의 무능과 하나님의 전능을 연결하는 고리다.

-앤드류 머레이

과연 '기도'를 모르는 그리스도인이 있을까요? 예수님을 믿기 시작하면서부터 우리는 기도에 관해 귀에 못이 박이도록 들어왔습니다. 그래서 뭔가 어려운 일이 생기거나 삶이 버거울 때면 습관처럼 "주님, 도와주세요" 하고 기도하게 됩니다. 그뿐만 아니라 신앙생활을 제대로 하려는 사람이라면 누구나 기도에 관한 부담을 품고, 어떻게든 열심히 기도하려고 애씁니다.

우리는 보통 소원이나 계획이 있을 때, 또는 긴급한 상황이나 어려운 문제에 부딪혔을 때 간절한 마음으로 기도하곤 합니다. 특히 더 이상 아무것도 할 수 없는 한계에 다다라 자신의 무능을 인정할 수밖에 없을 때, 기도는 우리의 마지막 희망이 됩니다.

그러나 위기를 넘기고 평안해지면 점점 기도하지 않게 됩니다. 상황이나 감정에 기도의 초점이 맞추어져 있기 때문에 기복이 심한 것입니다. 그러나 말씀으로 기도하면 하나님께 초점을 맞추기에 기도자의 상황과 감정에 관계없이 꾸준히 기도할 수 있습니다.

저는 '한국 기도하는 엄마들'(Moms In Prayer, MIP)을 섬기고 있습니다. 엄마들이 자녀와 학교를 위해 둘씩 짝을 지어 말씀으로 기도하도록 훈련합니다. 우리가 예수를 믿고 구원받는 것도 중요하지만, 우리의 자녀들이 예수 믿고 구원받는 것은 더욱 중요한 일이라 하겠습니다.

'기도하는 엄마들' 대부분이 자녀를 위해 하나님의 말씀을 묵상하고, 그 말씀을 붙들고 기도하다가 자신이 먼저 변화되는 경험을 합니다. 문제들을 바라보며 삶의 염려와 걱정 근심에 사로잡혀 있을 때는 도무지 가질 수 없었던 평강과 확신이 말씀 기도 중에 찾아오는 것을 경험하는 것입니다. 우리 시선을 하나님께 고정하면 분명히 달라집니다. 상황이 달라지는 게 아니라 나 자신이 달라집니다. 말씀 기도는 하나님이 주신 영적 전략입니다.

'기도하는 엄마들'은 이전에는 벌벌 떨며 두려워했던 문제들이 이제는 아무것도 아니라고 고백합니다. 문제가 문제로 보이지 않는다니 놀랍지 않습니까? 하나님의 말씀을 붙들고 기도할 때 연약했던 심령에 믿음이 생기고, 그 믿음이 내면에 견고히 자리 잡아 믿음의 용사로 성장하게 되는 것입니다. 우리가 하나님의 말씀을 묵상하고 그 뜻을 좇아 기도할 때 우리 믿음이 강해집니다.

말씀 기도는 유창하게 기도해야 한다는 부담 없이 성경 말씀을 그대로 옮겨 기도함으로써 확신에 찬 기도를 할 수 있다는 것과, 내 의지가 아닌 말씀의 능력에 기대어 강력하게 기도할 수 있다는 장점이 있습니다. 말씀을 기초로 기도하는 만큼 하나님의 뜻에 초점을 맞추므로 기도하면서 동시에 하나님을 더 깊이 알아 갈 수 있습니다.

나는 누구에게 기도하는가

기도란 무엇일까요? 기도는 하나님이 그리스도인에게 주신 특권이요, 가장 고귀한 사명입니다. 기도는 곧 하나님이 우리 가운데 무엇인가를 행하실 것이라는 기대요 인정이기 때문입니다. 즉 자기 자신의 무능과 한계를 인정하고, 전능하신 하나님을 인정하는 것입니다. 기도함으로써 우리는 자신의 힘으로는 도저히 감당할 수 없는 한계를 넘어서게 됩니다. 반면에 기도 없이는 누구도 위대하신 하나님의 일을 감당할 수 없습니다.

'기도의 사람'으로 불리는 E.M. 바운즈(E.M. Bounds)는 "기도하지 않으면 죽는다"고 말했습니다. 또 많은 사람들이 "기도는 호흡"이라고 말합니다. 그만큼 기도는 우리 삶에 없어서는 안 될 아주 중요한 요소입니다. 즉 우리 생명과 직결된 문제라는 의미입니다. 사도 바울이 "쉬지 말고 기도하라"(살전 5:17)고 당부한 것도 바로 이런 점 때문 아니겠습니까! 호흡을 멈추면 죽게 되듯이 기도를 멈추면 우리 영혼이 죽습니다.

사실, 기도는 누구나 할 수 있습니다. 중요한 것은 '누구를 향해 기도하는가'입니다. 기도에서 정말 중요한 요소는 기도의 대상이며 그 다음이 그 대상을 향한 믿음입니다. 불교도는 석가모니를 향해 "나무

아미타불"을 외울 것이고, 이슬람교도라면 하루에 다섯 번씩 메카를 향해 절할 것입니다. 그러나 엉뚱한 데 가서 기도해 봤자 아무 소용이 없습니다. 도와달라고 하는데, 아무런 힘과 능력이 없는 대상이라면 헛일일 것입니다.

그리스도인은 누구를 향해 기도합니까? 우리는 예수님을 영접함으로써 창조주 하나님을 아버지라 부르며 그 앞에 나가 예수 그리스도의 이름으로 기도할 수 있게 되었습니다.

우리 기도의 대상은 하나님이십니다. 그러므로 하나님이 어떤 분인지를 알아야 제대로 기도할 수 있습니다. 기도의 대상에 관해 아무것도 모르면서 무조건 도와달라고 하는 것은 큰 문제입니다.

우리가 믿는 하나님은 태초 전부터 계셨으며 영원부터 영원까지 계신 분입니다. 여기서 '영원'이란 시간이 아니라 존재의 근원이자 출발을 가리킵니다. 하나님은 온 우주 만물을 말씀으로 창조하신 창조주이십니다. 또한 하나님은 자기 형상대로 사람을 만드셨습니다. 즉 하나님처럼 지정의(知情意)를 지닌 인격체로 만드셨다는 뜻입니다. 그래서 인간만이 인격 대 인격으로 하나님과 교제할 수 있습니다. 교제야말로 인간을 하나님의 형상대로 만드신 이유입니다.

또 하나님은 스스로 있는 분입니다.

나는 스스로 있는 자이니라(I am Who I am)_출 3:14

하나님은 누구의 도움도 필요로 하지 않으시고, 누구에게도 의존하

지 않으시는 홀로 완전하신 분입니다. 그 하나님이 우리 기도의 대상
이심을 믿습니까?

그 하나님이 우리에게 가까이 다가오시며 우리의 작은 기도 소리를
들으십니다. 하나님을 얼마나 알고, 그분과 얼마나 친밀한가에 따라 기
도의 내용이 달라질 것입니다.

하나님 앞에 앉는 것이 기도다

우리는 '기도' 하면 '응답'부터 떠올립니다. 우리는 기도의 결과에
만 관심을 둡니다. 그러나 하나님의 관심은 기도를 통해 우리와 관계
를 맺는 것에 있습니다. 우리와 친밀한 교제를 나누기를 원하십니다.

"나에게 와라. 와서 너 자신, 너의 삶, 너의 전부를 나에게 얘기해
주지 않겠니? 난 너랑 만나길 원해. 너의 얘기가 듣고 싶단다."

하나님은 늘 우리의 기도를 기다리십니다. 그러므로 기도의 본질
은 응답이 아니라 하나님과의 관계입니다. 하나님과 일상의 대화를
나누는 친밀한 관계가 바로 기도인 것입니다.

하나님 앞에 나아가는 데 아무런 자격도 조건도 없습니다. 그저 있
는 그대로의 모습으로 나아가면 됩니다. 하나님을 잘 몰라도 상관없
습니다. 솔직하게 "하나님, 저는 아직 하나님을 잘 모릅니다. 알려 주
십시오. 하나님을 더 알기 원합니다. 하나님을 더욱 가까이하고 싶습
니다"라고 아뢰면 됩니다. 이것이 기도입니다.

이처럼 기도는 엉뚱한 데서 소원을 빌던 내가 하나님 앞에 나아가
내 전부를 아뢰며 그분의 말씀을 듣는 것입니다. 다른 곳을 바라보던

내가 하나님을 바라보는 것이 바로 기도입니다. 하나님께 주파수를 맞추어 그 음성에 귀를 기울이는 것이 기도입니다.

기도란 하나님 앞에 앉는 것입니다. 이것을 모르면 기도가 힘들어집니다. 의무감에서 억지로 기도하면, 기도는 더 이상 교제가 아닌 일이 되고 맙니다. 그저 "아버지!" 하고 부르기만 해도 됩니다. 힘들면 하나님 앞에 우두커니 앉아만 있어도 좋습니다. 하나님과 함께 있음을 기뻐하고, 하나님과 함께함을 즐거워하는 것이 하나님의 임재를 누리는 것이고, 이것이 바로 기도입니다.

기도로 하나님을 만나고 하나님을 알아 갈수록 회복을 경험하고 새 힘을 얻게 됩니다. 그러므로 지금 힘들다면 하나님께 나아가지 않아서인지도 모릅니다. 다시 말해, 기도하지 않아서 힘든 것일 수 있습니다. 기도하지 않는다면 하나님을 온전히 안다고 말할 수 없습니다. 지식으로는 알지 몰라도, 하나님이 어떤 분이신지를 경험하지 못했기에 기도하지 않는 것입니다. 그리고 지금 내 기도가 깊지 않다면, 하나님과의 관계 또한 깊지 않다는 뜻입니다.

기도 없이는 어떤 기적도 일어나지 않습니다. 서로 관계가 없는데 무슨 일이 일어나겠습니까? 기도는 사랑하는 두 사람 간에 나누는 대화입니다. 살아 계신 하나님과 나와의 은밀한 사랑의 대화가 곧 기도입니다.

만약 하나님과의 관계는 서먹한데 기도는 잘한다면, 그는 겉으로만 신자일 가능성이 높습니다. 설혹 기도 응답처럼 보이는 일이 일어난다고 해도, 하나님과 관계없이 일어났다면, 그것은 사람의 일이지 하나님의 일은 아닙니다.

그러므로 우리의 실패는 곧 관계의 실패입니다. 하나님과 관계 없는 기도는 실패한다는 뜻입니다. 문제는 우리에게 있습니다. 남녀가 교제할 때도, 자주 만나지 않으면 관계가 소원해지는 법입니다. 마음 없이 형식적으로, 만나서도 자기 할 말만 하는 것은 온전한 교제가 아닙니다. 그런 만남은 오래가기 어렵습니다.

심정을 나누는 것이 기도다

하나님은 우리와 소통하기를 원하십니다. 깊은 이해와 용납으로 우리를 받아 주시고, 우리 모습이 어떠하든지 있는 그대로 사랑해 주십니다. 하나님 안에 회복과 구원이 있습니다. 이것이 성경이 우리에게 들려주는 좋은 소식입니다.

기도는 하나님과의 대화입니다. 그런데 여기에는 단계가 있습니다. 단순히 안부를 묻거나 날씨 얘기만 주고받는 단계가 있고, 그것보다는 좀 더 많은 얘기를 나누긴 하지만 정보 교환 정도만 하는 2단계가 있습니다. 주로 "새로 생긴 마트에 가 보니 과일이 훨씬 더 싸더라"라거나 "겨울철 감기 예방에는 모과차가 좋다"라는 식입니다. 여기서 조금 더 발전하여 "내 생각은 이런데, 너의 생각은 어때?" 하고 서로 의견을 나누는 것이 3단계입니다. 마지막 4단계는 마음속 깊은 것까지 나누는 것입니다.

하나님은 우리와 진짜 대화를 나누길 원하십니다. 즉 소통하기를 원하신다는 뜻입니다. 그러니 일방적으로 자기에게 필요한 얘기만 늘어놓고는 볼일을 다 봤으니 간다는 식의 대화를 좋아하실 리가 없습니다.

올바른 기도란 자기 마음을 쏟아 놓을 뿐만 아니라 하나님의 음성에도 귀 기울이는 것입니다. 즉 자기 마음을 하나님께 고스란히 드러내고, 하나님이 들려주시는 마음을 듣는 것이 바로 기도입니다. 대화라는 관점에서 기도를 살펴볼까요?

첫째, 기도는 우리 심정을 나누는 것입니다. 많은 사람이 하나님께 "이거 해 주세요, 저거 해 주세요"라는 식의 기도는 잘 드리면서도 정작 자신의 감정은 잘 표현하지 못합니다. 신앙생활을 아무리 오래 해 왔어도 하나님에 관해 잘 모르면, 하나님 앞에서 체면치레하기 마련입니다. 하지만 하나님은 이미 우리의 모든 것을 알고 계시고, 우리와 그것들을 함께 나누기를 원하십니다. 심정이란 마음속에 품고 있는 생각이나 감정입니다. 그러므로 내 생각과 감정을 있는 그대로 말씀드리는 것이 기도입니다.

사무엘상 1장의 기도하는 여인 한나의 이야기를 예로 들 수 있을 것입니다. 엘가나에게는 두 아내가 있었습니다. 브닌나는 자녀가 있었고, 한나는 자녀가 없었습니다. 두 아내는 서로 사이가 좋지 않았습니다. 특히 엘가나가 자녀가 없는 한나에게만 분깃을 갑절로 주니 "그의 적수인 브닌나"가 한나를 몹시 싫어하며 괴롭혔습니다(삼상 1:6).

성경은 한나가 "마음이 괴로워서 여호와께 기도하고 통곡"(삼상 1:10)했다고 기록합니다. 그녀는 남편 엘가나가 아무리 잘해 주어도 괴로운 마음을 하나님 앞에 다 쏟아 내었습니다. 이것이 바로 심정을 나누는 것입니다. 우리가 하나님께 아뢰지 못할 일이 어디 있겠습니까? 하나님은 우리와 함께 울어 주시는 분입니다. 오히려 나보다도 더 마음 아파하시는 분이 하나님 아버지이십니다.

한나는 제사장이 그녀를 보고 술에 취했다고 오해할 정도로 하나님 앞에 자기 심정을 격정적으로 토로했습니다(삼상 1:13). 마음속 깊은 것을 나누는 기도로 하나님께 나아갔던 것입니다. 하나님은 이런 기도를 기다리고 계십니다. 그녀는 하나님이 자신에게 아들을 주시면, 하나님께 나실인으로 바칠 것을 서원했습니다(11절).

자녀가 없어서 고통당한 사람이라면, 어렵사리 아들을 얻으면 자기 품에서 떼어 놓지 않아야 정상일 것 같은데, 그 귀한 아들을 하나님께 바치겠다니요? 선뜻 이해되지 않습니다. 자녀가 없어서 통곡하며 기도하던 한나가 어떻게 그런 기도를 드릴 수 있었을까요?

둘째, 기도는 내 심정을 나눌 뿐만 아니라 하나님의 심정을 듣는 것입니다. 한나는 그의 심정을 하나님 앞에 쏟아 내는 가운데 하나님의 마음을 들을 수 있었습니다. 당시 이스라엘은 영적 암흑기였습니다. 각기 자기의 소견에 옳은 대로 행하며 하나님께 불순종했던 이스라엘로 인해 하나님은 자식이 없어 고통받던 한나 이상으로 고통받으셨을 것입니다. 한나는 기도 중에 그런 하나님의 마음을 깨달았고 그래서 아들을 낳으면 나실인으로 바치겠다고 서원할 수 있었을 것입니다.

한나가 낳은 아들이 바로 어두운 시대에 깨어 기도하며 하나님의 음성을 듣고 전했던 마지막 사사 사무엘입니다. 그는 하나님의 뜻을 좇아 새로운 왕정 시대를 열어 가는 데 중요한 역할을 했습니다. 하나님은 사무엘 선지자를 높이 들어 사용하셨습니다. 그는 하나님과 심정의 대화를 나누었던 한나의 기도가 낳은 열매였습니다.

이처럼 기도란 하나님과 내가 서로 심정을 나누는 것입니다. 하나님과 인격적으로 교감을 나누는 것입니다. 그렇기 때문에 기도할수록 우리 뜻과 계획이 하나님의 관점으로 변화되어 가는 것을 볼 수 있습니다. 기도를 하긴 하는데, 만약 자기 자신에게 아무런 변화도 일어나지 않는다면 제대로 기도한 것이 아닐 수도 있습니다.

기도가 하나님의 심정을 듣는 시간이니만큼 기도하기에 앞서 말씀 묵상이 있어야 합니다. 기도는 말씀과 함께 가야 합니다. 내 뜻과 내 감정대로 기도하는 것이 아니라 말씀을 통해 하나님의 마음을 헤아리고, 그 뜻을 깨달아 기도하는 것이야말로 하나님이 원하시는 기도이며, 하나님의 뜻이 이 땅 가운데 이루어지도록 하는 올바른 기도라고 할 것입니다.

무엇이 기도를 가로막는가

그러면 무엇이 우리의 기도를 가로막을까요?

첫째, 하나님에 관한 무지가 기도를 가로막습니다. 하나님은 창조주이실 뿐만 아니라 하나뿐인 아들을 보내사 죄와 사망으로부터 우리를 구원하신 능력자이십니다. 고통당하는 우리와 함께하시며, 그 고통을 함께 지시는 분입니다. 우리를 도우시는 은혜의 하나님에 관해 알지 못한다면, 하나님을 만날 수 없습니다. 하나님을 모르기에 기도할 수 없고, 정처 없이 이곳저곳을 돌아다니며 해결책을 찾아봐도 답을 구할 수 없게 되는 것입니다.

하나님을 믿는다고 하면서도 왜 기도하지 않고, 기도하면서도 왜 염려하고 걱정하십니까? 하나님을 잘 모르기 때문입니다. 하나님에 관해 아는 바가 없으니 신뢰할 수가 없는 것입니다. 우리는 하나님에 대해서 아는 만큼밖에는 기도하지 못합니다. 신앙생활을 아무리 오랫동안 했어도 하나님이 어떤 분이신지를 잘 모른다면, 형식적인 기도를 할 수밖에 없습니다. 하나님을 믿기보다는 자기 생각과 경험과 자기주장으로 가득 찬 기도를 할 게 빤하기 때문입니다.

예를 들어, 죽을 것 같은 상황에 내몰렸을 때 하나님을 잘 모르는 사람은 어떻게 반응할까요? "하나님, 대체 내게 왜 이러십니까? 내게 무슨 억하심정이 있으셔서 이런 일이 일어나게 하십니까? 나를 죽이려고 이러십니까? 도대체 나더러 어쩌라는 것입니까?" 하며 하나님께 원망과 불평을 쏟아 낼 것입니다.

그러나 하나님이 어떤 분이신지를 잘 알고 하나님을 굳게 믿는 사람이라면, "이 상황은 그냥 온 게 아닐 거야. 분명히 무슨 이유가 있을 거야. 주권자이신 하나님이 허락하신 상황이라면 뭔가 뜻이 있으신 거야. 이 상황을 통해서 내게 뭔가를 가르쳐 주시거나, 나를 훈련시키시는 것일 거야. 결국 선하신 하나님이 '모든 것이 합력하여 선을'(롬 8:28) 이루도록 이끌어 주실 거야"라고 믿음의 고백을 할 것입니다. 이처럼 하나님이 누구신지를 잘 알고 있다면, 어떤 문제가 생기거나 상황이 힘들어져도 주만 온전히 신뢰하며 묵묵히 인내하고 기도함으로써 모든 어려움을 이겨 내고, 마침내 승리하게 될 것입니다. 이것이 믿음의 삶입니다.

또한 우리는 하나님을 알아야 내가 누군지도 제대로 알게 됩니다.

> 보라 아버지께서 어떠한 사랑을 우리에게 베푸사 하나님의 자녀라 일컬음을 받게 하셨는가_요일 3:1a

> 때가 차매 하나님이 그 아들을 보내사 여자에게서 나게 하시고 율법 아래에 나게 하신 것은 율법 아래에 있는 자들을 속량하시고 우리로 아들의 명분을 얻게 하려 하심이라 너희가 아들이므로 하나님이 그 아들의 영을 우리 마음 가운데 보내사 아빠 아버지라 부르게 하셨느니라 그러므로 네가 이 후로는 종이 아니요 아들이니 아들이면 하나님으로 말미암아 유업을 받을 자니라_갈 4:4-7

하나님이 어떠한 사랑으로 우리를 사랑하셨습니까? 그 아들을 보내사 십자가에 달려 죽게 하심으로 율법 아래 있던 우리를 속량하셨습니다. 그로 인해 우리는 더 이상 종이 아닌 아들로서 하나님을 아빠 아버지로 부르며 하나님의 유업을 받을 상속자가 되었습니다. 하나님을 모르면 하나님의 사랑을 알 수 없습니다. 그 사랑을 알아야 우리의 정체성과 자존감이 명확해집니다. 정체성과 자존감이 명확해야 우리는 하나님 앞에 담대히 나아갈 수 있습니다.

둘째, 말씀에 관한 무지가 우리 기도를 가로막습니다. 인류 최초의 죄가 왜 저질러졌는지를 한번 떠올려 보세요. 아담과 하와의 불순종 이면에는 하나님 말씀에 대한 무지가 숨어 있습니다.

> 하나님이 참으로 너희에게 동산 모든 나무의 열매를 먹지 말라 하시더 냐_창 3:1

매우 선동적인 질문입니다. 사탄은 고도의 전략을 가지고 매우 의도적으로 하와에게 질문을 던집니다. 마귀는 하나님의 말씀을 과장하고, 왜곡하고, 변질시킵니다. 하나님은 "선악을 알게 하는 나무의 열매"(창 2:17)를 먹지 말라고 하셨지, "동산 모든 나무의 열매"를 먹지 말라고는 하지 않으셨습니다. 하와로 하여금 하나님의 말씀에 의심을 품게 하려는 의도입니다. 안타깝게도 하와는 마귀의 꾀에 넘어가고 말았습니다.

> 여자가 뱀에게 말하되 동산 나무의 열매를 우리가 먹을 수 있으나 동산 중앙에 있는 나무의 열매는 하나님의 말씀에 너희는 먹지도 말고 만지지도 말라 너희가 죽을까 하노라 하셨느니라_창 3:2-3

선악을 알게 하는 나무의 열매를 "먹지 말라"고 하신 하나님의 말씀을 하와는 "먹지도 말고 만지지도 말라"고 하셨다고 과장합니다. 그런데 "네가 먹는 날에는 반드시 죽으리라"(창 2:17)고 하신 말씀은 되레 "너희가 죽을까 하노라" 하고 의미를 축소시킵니다. 하나님의 말씀에 관한 무지에서 비롯된 일입니다. 이렇게 분명하지 않은 하와의 말을 사탄이 바로 이용하는 것을 볼 수 있습니다. 마귀는 하나님의 말씀을 짐짓 왜곡하여 말합니다.

> 뱀이 여자에게 이르되 너희가 결코 죽지 아니하리라_창 3:4

뱀은 아예 한 걸음 더 나아가 "너희가 그것을 먹는 날에는 너희 눈이 밝아져 하나님과 같이 되어 선악을 알 줄 하나님이 아심이니라"(창 3:5)고까지 말함으로써 하와의 마음을 뒤흔들어 놓습니다.

하나님의 말씀이 어떻게 변형되어 갔지요?

> 하나님: "반드시 죽으리라"(창 2:17) → 하와: "죽을까 하노라 하셨느니라"(창 3:3) → 사탄: "결코 죽지 아니하리라"(창 3:4)

말씀에 관한 무지가 하와의 마음에 의심을 불러일으켰고, 의심이 그 마음에 혼란을 일으켰으며, 마침내 불순종에 이르게 하였습니다.

우리는 하나님의 말씀에 관해 얼마나 알고 있습니까? 마음에 드는 말씀만 믿거나 부분적으로 믿고, 자신에게 불리하거나 마음을 불편하게 하는 말씀은 들으려 하지 않는다면, 올바른 태도가 아닙니다. 기도를 가로막는 최대 장애물은 하나님과 그분의 말씀에 관한 무지라고 할 수 있습니다.

하나님은 기도의 동기를 보신다

우리는 기도를 어떻게 하고 있습니까? 삶이 분주하고 바빠서, 먹고사는 것이 너무 힘들어 도무지 기도할 시간마저 없는 것은 아닌지요? 갈수록 바빠지는 시대입니다.

종교개혁을 이끌었던 독일의 마르틴 루터(Martin Luther)는 이렇게 말했습니다.

"오늘 할 일이 너무 많아서 다 끝내려면, 세 시간 정도는 기도해야 한다."

그는 바쁠수록 더욱 기도에 힘썼던 사람입니다. 예수님은 공생애 기간에 식사할 겨를이 없을 정도로 바쁘게 사셨습니다. 그런데도 늘 습관에 따라 감람산에 가서 기도하셨습니다(눅 22:39). 예수님은 왜 그토록 기도에 힘쓰셨을까요? 기도하지 않는 것은 곧 하나님과의 교제가 끊긴 상태라고 할 수 있기 때문입니다. 시간을 정해 기도하지 않으면 결국 기도하지 않게 됩니다. 아무리 바빠도 기도의 줄만은 놓지 않기를 바랍니다. 시간을 정해서 날마다 하나님과 대화하고 교제하는 삶을 살아야 합니다.

무엇보다 형식적인 기도를 피해야 합니다. 그저 두 손 모으고 기도를 하긴 하지만 아무런 기대 없이 앉아만 있거나, 자신의 기도하는 모습을 일부러 드러내며 자랑하고 과시하는 경우입니다. 예수님은 바리새인들의 외식하는 기도를 책망하셨습니다.

또 너희는 기도할 때에 외식하는 자와 같이 하지 말라 그들은 사람에게 보이려고 회당과 큰 거리 어귀에 서서 기도하기를 좋아하느니라 내가 진실로 너희에게 이르노니 그들은 자기 상을 이미 받았느니라_마 6:5

당시 바리새인들은 시간을 정해 놓고 기도했습니다. 기도 시간을 정한 것은 칭찬할 만하지만, 그들의 속내는 절대로 깨끗하지 않았습니다. '나는 이 정도로 경건한 신앙생활을 하고 있다'는 것을 보여 주기 위해 기도했기 때문입니다. 그래서 예수님이 그들의 태도를 크게 나무라셨습니다. 대개 사람들은 타인의 시선에서 자유롭지 못합니다. 특히 공적인 위치에 있다면 더욱 그러할 것입니다. 그래서 기도는 하지 않더라도 기도의 자리에 있는 것으로 스스로 위안을 삼을 수도 있습니다.

하나님은 우리 내면의 동기를 주의 깊게 들여다보십니다. 우리 기도의 목적과 의도를 이미 간파하시고, 남에게 보이기 위한 기도나 자기 위안적인 기도는 받지 않으십니다. 무엇보다도 외식하는 기도에는 상급이 없다는 예수님의 말씀에 주목해야 합니다. 이는 올바른 기도에는 상급이 따른다는 사실을 방증해 주기 때문입니다.

그러므로 오직 하나님만을 바라보며 순수한 마음으로 기도의 자리로 나아갑시다. 기도는 사랑하는 두 사람 간의 대화라고 했듯이 기도의 동력은 사랑입니다. 기도는 자기가 원하는 것을 얻기 위해 하는 것이 아닙니다. 우리는 나를 사랑하시는 하나님, 내가 사랑하는 하나님을 만나기 위해 기도합니다. "왜 기도하는가"에 대한 가장 올바른 대답은 "하나님을 사랑하기 때문"입니다.

하나님을 향한 사랑과 열정의 목마름이 우리를 기도의 자리로 이끕니다. 그러니 기도의 목적은 하나님의 손에 든 그 무엇이 아니라 오로지 하나님 한 분이십니다. 목마른 사슴처럼 늘 하나님을 찾는 것이 바로 기도의 마음입니다.

2. 하나님의 뜻에 합한 기도

주님과 대화가 끊이지 않으면, 주님이 그분의 깊은 생각을 우리에게 드러내신다.

-로버트 모리스

우리는 자녀들을 위해 계속 강력하게 구체적으로 기도하지 않으면 안 되는 시대를 살고 있습니다. 무엇 때문입니까?

근신하라 깨어라 너희 대적 마귀가 우는 사자같이 두루 다니며 삼킬 자를 찾나니_벧전 5:8

"공중의 권세 잡은 자"(엡 2:2)요 어둠의 영인 사탄은 어찌하든지 우리 자녀들의 영혼을 하나님으로부터 떼어 놓으려고 발악하고 있습니다. 그런 사탄이 몹시 두려워하는 때가 있습니다. 바로 우리가 무릎 꿇고 기도할 때입니다. 아무리 연약한 성도라 할지라도 그가 무릎 꿇고 기도하면 사탄은 두려워합니다. 하나님의 뜻에 따라 드리는 기도 앞에서 사탄은 대항할 힘을 잃게 됩니다.

그런데 우리가 어려운 상황들만 바라보고 있으면 기도가 잘되지 않습니다. 우리 시선이 문제들에만 머물러 있으면, 기도해도 가슴이 답답하고, 불안하고, 염려만 가득할 것입니다. 그러나 안심하십시오! 하나님은 우리를 사랑하시며, 늘 우리와 교제하기를 원하십니다.

기도가 응답되지 않는 이유

감당하기 어려운 문제에 맞닥뜨렸는데 도움을 청할 곳이 없다면, 그 인생은 얼마나 서글프겠습니까? 그러나 다행히도 우리 그리스도인들은 기댈 곳이 있습니다. 우리의 모든 형편을 아시고, 우리가 부르짖을 때 응답하시는 하나님 아버지가 계십니다.

> 내가 나의 목소리로 여호와께 부르짖으니 그의 성산에서 응답하시는
> 도다 _시 3:4

> 여호와께서 내 간구를 들으셨음이여 여호와께서 내 기도를 받으시리
> 로다 _시 6:9

"여호와께 부르짖으니"나 "여호와께서 내 간구를" 들으셨다는 표현을 보면, 모두 간절함이 배어 있습니다. 자녀가 간절히 구하고 부르짖는데, 어느 아버지가 외면하겠습니까? 자녀가 간절히 구하면 부

모는 줄 수밖에 없습니다. 육신의 아버지도 그러한데, 우리를 위해 독생자를 내어 주신 하나님 아버지는 오죽하실까요? 게다가 전지전 능하신 만왕의 왕이 아니십니까! 사랑이 많으신 하나님은 우리의 간구를 외면하시지 않습니다. 우리 기도를 듣고 응답하시는 하나님입니다. 여기에 우리 소망이 있습니다.

그러므로 아무리 열심히 기도해도 응답이 없거나 더디다면, 그것은 하나님의 문제가 아닙니다. 성경은 자기 생각과 욕심과 뜻을 이루려고 구하기 때문에 받지 못한다고 말합니다. 하나님은 우리 기도를 들으실 뿐만 아니라 기도하는 동기까지도 들여다보시는 분입니다.

기도가 응답되기까지의 시간이 사람마다 다른 것은 왜일까요? 왜 어떤 사람은 한 달, 어떤 사람은 1년, 또 어떤 사람은 10년이나 걸릴까요? 심지어 평생 걸리는 사람도 있습니다. 그 이유는 자아가 죽고, 욕심과 온갖 불순물이 제거되는 시간이 사람마다 다르기 때문입니다. 자기 욕심을 내려놓지 못한 채 기도하는 사람은 구하여도 받을 수가 없습니다. 고집과 자아가 죽지 않고 여전히 펄펄 살아있다면, 하나님은 그의 기도에 응답하실 수가 없습니다.

우리는 기도하면서 상황이 변하기를 원하지만, 하나님은 우리부터 변화시키기를 원하십니다. 하나님은 기도를 통해 우리를 변화시키십니다. 그러므로 기도하는 동안 나 자신이 변하게 됩니다.

어떤 때에 우리는 하나님의 응답을 받지 못할까요?

첫째, 고백하지 않은 죄가 있을 때입니다.

> 오직 너희 죄악이 너희와 너희 하나님 사이를 갈라놓았고 너희 죄가
> 그의 얼굴을 가리어서 너희에게서 듣지 않으시게 함이니라 _사 59:2

죄를 고백하지 않은 채 품고 있으면, 그것이 우리와 하나님의 관계를 깨뜨리는 요소가 됩니다. 그 죄로 인해 하나님이 우리 기도를 듣지 않으신다고 성경은 말합니다.

둘째, 잘못된 동기로 구할 때입니다.

> 구하여도 받지 못함은 정욕으로 쓰려고 잘못 구하기 때문이라 _약 4:3

자기 욕심을 채우기 위해 이기적인 생각으로 기도하거나 "이것만은 꼭 해 주셔야 합니다"라고 떼쓰며 기도할 때, 하나님은 그 기도를 듣지 않으십니다.

20세기를 대표하는 복음 전도자 빌리 그레이엄(Billy Graham) 목사의 부인 루스 벨 그레이엄(Ruth Bell Graham) 여사는 "우리는 하나님에게서 무언가를 얻어 내려고 기도하는 것이 아니다. 우리가 기도할 때, 하나님은 당신의 뜻이 우리 뜻이 될 때까지 우리를 변화시켜 주신다"고 말했습니다. 우리 뜻이 하나님의 뜻으로 변화되기만 한다면 우리가 무엇을 구하든지 하나님이 들어주실 것입니다. 분명히 우리 기도에 기쁘게 응답해 주실 것입니다.

셋째, 하나님의 때와 우리 때가 다르므로 응답을 받지 못합니다.

> 이 묵시는 정한 때가 있나니 그 종말이 속히 이르겠고 결코 거짓되지
> 아니하리라 비록 더딜지라도 기다리라 지체되지 않고 반드시 응하리
> 라_합 2:3

우리에게는 인생 전체를 보고 파악할 능력이 없습니다. 우리 기도를 지금 당장 꼭 들어주셔야 한다고 떼써 봤자 전지전능하신 지혜의 하나님이 보시기에 더 좋은 때가 있기 마련입니다. 사랑의 하나님은 늘 우리에게 가장 좋은 것을 주기 원하십니다. 그러므로 하나님을 신뢰하며 그분의 때를 잠잠히 기다리는 믿음의 사람이 되십시오.

넷째, 언제나 선하신 하나님의 뜻에 따라 응답이 미루어지거나 거절될 수 있습니다.

하나님은 늘 우리와의 관계에 관심이 있으십니다. 먼저 하나님과의 관계가 잘 이루어지면 다른 것들은 자연스레 뒤따라오게 되어 있습니다. 우리가 기도를 통해 얻는 다섯 가지 유익, 기쁨과 평강과 지혜와 확신과 응답 및 강함은 모두 하나님과의 관계가 깊어질 때 비로소 얻을 수 있습니다.

그런 의미에서 기도는 문제 해결의 방편이기에 앞서 하나님과의 관계입니다. 하나님 아버지는 사랑하는 자녀에게 무엇이라도 더 주고 싶어 하시는 분입니다.

사도 바울이 말합니다.

> 자기 아들을 아끼지 아니하시고 우리 모든 사람을 위하여 내주신 이가

어찌 그 아들과 함께 모든 것을 우리에게 주시지 아니하겠느냐_롬 8:32

독생자까지 내어 주신 분이 무엇인들 주지 않으시겠습니까? 그러므로 우리 시선은 하나님의 손이 아닌 하나님에게로 향해야 합니다. 무엇을 받게 될까에 집중하기보다는 원하시면 무엇이든지 주실 수 있는 하나님께 온전히 집중하는 것이 바로 기도임을 잊지 맙시다.

이제 우리는 기도의 방식을 바꾸어야만 합니다. 내 뜻이 아닌 하나님의 뜻에 따라, 내 소원이 아닌 하나님의 소원대로 기도해야 합니다. 그러려면 말씀을 가까이하고, 읽은 말씀을 붙들어야 합니다. 말씀이 곧 하나님이요 하나님이 곧 말씀이시기 때문입니다. 그래야 하나님 안에 거하는 삶을 살 수 있습니다.

사실, 하나님은 우리를 떠나지 않고 늘 함께해 주시는데, 하나님께 버림받은 듯한 심정이 될 때가 있습니다. 하나님이 더 이상 함께하시지 않는 것 같은 생각에 절망을 느껴 본 적이 누구나 한두 번쯤 있을 것입니다. 언제 그런 마음이 들었는지 곰곰이 생각해 보십시오. 어려운 문제를 홀로 감당하며 나아가야 할 때 그렇지 않던가요?

문제로 인해 두려움에 눌려 세상에 홀로 서 있다고 느껴질 때는 기도할 힘조차 내지 못합니다. 그러니 그럴 때는 함께 모여 기도해야 합니다.

특히, 자녀들을 양육하면서 겪은 어려움을 서로 나누며 기도하다 보면, 내 문제가 결코 나만의 문제는 아님을 알게 됩니다. '아, 남들도 나랑 똑같은 문제로 고민하는구나. 우리 아이만 유별난 게 아니었네'

하며 엄마로서 짊어졌던 마음의 짐을 덜고, 훨씬 가벼워진 마음으로 기도할 수 있을 것입니다. 그래야 하나님의 응답을 받는 기도, 하나님의 뜻에 합한 기도를 힘내어 드릴 수 있지 않겠습니까?

관점이 변해야 기도가 살아난다

하나님은 평상시에도 우리를 늘 만나고 싶어 하시는데, 우리는 보통 문제가 생겨야 하나님을 찾습니다. 여기서 하나님의 기대와 우리의 현실이 차이를 드러냅니다. 평안할 때는 기도하지 않고 하나님을 잊고 지내기가 쉽습니다. 그러다 문제가 생기면 그때에야 비로소 하나님 앞에 나아가곤 합니다. 오죽하면 '문제는 하나님이 우리에게 보내시는 초대장'이라는 말이 생겨났을까요?

문제가 생겨야만 하나님을 찾는다면 당연히 문제 중심의 기도를 할 수밖에 없습니다. 기도하면서도 하나님보다는 문제에 더 큰 초점을 맞추다 보니 기도하면서도 온갖 부정적인 생각이 머리를 떠나지 않습니다. 그러니 기도 중에 자기도 모르게 하나님을 원망하거나 불평을 늘어놓기가 쉽습니다.

그리고 하나님의 생각과 뜻은 안중에도 없이 무조건 떼쓰는 어린아이처럼 자기 뜻대로 이렇게 저렇게 해 달라고 기도합니다. 하나님의 뜻보다 자기 뜻이 더 중요하다는 것입니다. 하다가 안 되면 하나님께 엄포를 놓거나 하나님을 위협하기까지 합니다.

"하나님, 이 문제를 해결해 주시지 않으면 나 죽어요! 내가 죽어도 좋습니까? 내가 죽는 꼴을 보고만 계실 건가요?"

이런 식의 기도는 건강하다고 할 수 없습니다. 무엇보다도 우리 관점이 온전하지 않습니다. 우리는 자신에게 정말로 필요하고 좋은 것이 무엇인지를 알지 못합니다. 혹여 자신에게 필요하고 좋은 것을 알고 있다고 해도 그것이 지금 필요한지, 아니면 좀 더 기다려야 좋을지는 알지 못합니다. 하지만 하나님은 모든 것을 아십니다. 모든 것이 합력하여 선을 이루게 하시는 하나님만이 그 뜻이 선하고 완전하십니다. 언제까지나 떼쓰는 식의 기도를 할 수는 없습니다. 신앙이 성숙할수록 기도의 관점이 변해야 마땅합니다.

미국의 제16대 대통령 에이브러햄 링컨(Abraham Lincoln)이 노예 해방을 위해 남북전쟁을 벌일 때의 일입니다. 링컨 대통령이 이끄는 북군이 매우 긴박한 상황에 부딪히자 병사들이 "하나님, 부디 우리 편이 되어 주셔서 남군을 물리쳐 승리하게 해 주옵소서" 하고 기도했습니다. 그들의 기도 소리를 들은 링컨 대통령이 이렇게 말했다고 합니다.

"하나님이 북군 편에 서서 승리하게 해 달라고 기도하지 말고, 우리 북군이 하나님 편에 서게 해 달라고 기도하라!"

그렇습니다. 우리는 우리 뜻이 아닌 하나님의 뜻을 따라 기도해야 합니다. 그럴 때 하나님이 우리 기도에 기쁘게 응답하실 것입니다.

1980년대 중반, 캐나다에 네 자녀를 둔 평범한 엄마가 있었습니다. 전직 초등학교 교사인 펀 니콜스(Fern Nichols)는 첫째와 둘째가 중학교에 입학하게 되자 곧 인생에서 가장 큰 시험에 맞닥뜨리게 되리란 걸 직감적으로 알았습니다. 듣도 보도 못한 온갖 거친 언어와 비속어들을 듣게 될 것이고, 또래 집단의 압력에 부딪혀 저항하며 세상의 부조리함도 알게 될 것입니다. 그야말로 질풍노도의 시기를 보내게 될 자녀들을 생각하니 마음이 아팠습니다. 게다가 날마다 세상에서 들려오는 소식이라곤 흉흉한 것들뿐이니 한시도 마음을 놓을 수가 없었습니다.

그래서 그녀는 하나님에게 자녀들을 보호해 달라고, 그들이 옳은 것과 그른 것의 차이를 분명히 알게 되어 언제나 바른 선택과 결정을 내릴 수 있게 인도해 달라고 기도하기 시작했습니다. 그런데 자녀 한 명, 한 명을 위해 기도하자니 어깨가 너무 무거워서 혼자서는 도무지 감당할 수 없을 것 같았습니다.

그녀는 자신과 똑같은 부담감을 가지고 자녀들과 학교를 위하여 기꺼이 함께 기도할 엄마들을 보내 달라고 기도하기 시작했습니다. 하나님이 그 기도를 기쁘게 여기셔서 다른 엄마들을 만나게 해 주셨고, 뜻이 맞는 엄마들이 모여 함께 기도하기 시작했습니다. 그들의 기도로 자녀들의 삶은 물론 그녀들 자신의 삶이 변화했고, 그들의 변화가 캐나다 전역에 알려졌습니다. 곳곳에서 자녀를 둔 엄마들의 기도 모임이 만들어지기 시작했는데, 초등학교부터 고등학교에 이르기까지 다양한 모임이 만들어졌습니다.

이듬해 캐나다에서 미국 캘리포니아로 이사하게 된 그녀는 그곳에서도 자녀들을 위해 기꺼이 기도하기 원하는 엄마들을 만나게 해 달라고 기도했습니다. 그녀의 기도를 기쁘게 받으신 하나님이 순전한 마음을 가진 엄마들을 만나게 해 주셨고, 엄마들이 매주 한 번씩 모여 자녀와 학교를 위해 기도하기 시작했습니다. 이것이 바로 기도하는 엄마들(MIP)의 시작입니다. 지금은 그 규모가 커져서 미국 전역은 물론 전 세계 146개국에서 매주 엄마들이 모이고 있습니다.

펀 니콜스는 자녀를 위해 기도하는 데서 오는 부담감을 외면하거나 무시하지 않았습니다. 그러한 연약함마저도 하나님께 솔직히 고하고 도움을 청했습니다. 연약한 자신을 강하게 해 달라고 기도할 수 있었지만, 그녀는 연약한 엄마들이 모여 기도의 세 겹 줄을 이루게 해 달라고 기도했습니다. 기도의 관점을 위로 곧게 향할 뿐 아니라 옆으로도 넓게 확장함으로써 하나님의 놀라운 역사를 경험할 수 있었던 것입니다. 자녀를 위한 엄마의 기도가 가장 강력하다고들 말합니다. 그러니 엄마들이 합심하여 기도하면 얼마나 놀라운 일들이 벌어지겠습니까?

하나님은 우리의 간절함을 원하신다

우리는 물질적으로 부요해지고, 생활이 편리해질수록 더욱 게을러지고 나태해지는 경향이 있습니다. 아쉬움이 없어지니 간절함이 사라지는 것입니다. 먹고살기가 빠듯했던 시절에는 무엇이든지 배우려고 애쓰고, 무슨 일이든지 하려고 애썼습니다. 그러나 이제는 어느 정도 살 만하니까 아등바등할 필요가 없어졌습니다. 그런데 간절함이 사라지면 기도할 마음까지도 사라진다는 걸 아십니까? 간절함이 있어야 기도도 하게 됩니다.

소경 바디매오의 얘기를 아실 겁니다.

그들이 여리고에 이르렀더니 예수께서 제자들과 허다한 무리와 함께 여리고에서 나가실 때에 디매오의 아들인 맹인 거지 바디매오가 길가에 앉았다가 나사렛 예수시란 말을 듣고 소리 질러 이르되 다윗의 자손 예수여 나를 불쌍히 여기소서 하거늘 많은 사람이 꾸짖어 잠잠하라 하되 그가 더욱 크게 소리 질러 이르되 다윗의 자손이여 나를 불쌍히 여기소서 하는지라_막10:46-48

바디매오가 부르짖을 때, 주변에 있던 사람들이 잠잠하라고 그를 꾸짖었습니다. 그런데도 그는 어떻게 했습니까? "다윗의 자손이여 나를 불쌍히 여기소서"라고 "더욱 크게" 소리 질렀습니다. 여기서 우리는 바디매오의 간절한 마음을 느낄 수 있습니다.

그 후에 이 이야기가 어떻게 펼쳐지게 됩니까? "예수께서 머물러 서서 그를 부르라 하시니 그들이 그 맹인을 부르며 이르되 안심하고 일어나라 그가 너를 부르신다 하매 맹인이 겉옷을 내버리고 뛰어 일어나 예수께"(막 10:49-50) 나아왔습니다. 당시 유대인들에게 겉옷은 말 그대로 겉옷인 동시에 기온이 내려가면 덮기도 하는 이불과도 같은 역할을 했습니다. 맹인 거지인 바디매오에게는 생명을 보호해 주는 소중한 것이었을 겁니다. 어딜 가나 겉옷을 늘 가지고 다니며 손에서 놓지 않으려고 애썼을 것입니다.

그런데 그가 겉옷을 내버리고 뛰어 일어나 나아갔습니다! 그만큼 예수님을 만나지 않으면 안 된다는 절박감이 그에게 있었습니다. '예수님을 절대 놓치면 안 돼. 다시는 못 만날 수도 있어.' 이런 간절함이 그로 하여금 크게 소리 지르게 했으며 겉옷까지 내버리고 뛰어가 도록 했을 것입니다.

그의 간절함을 보신 예수님이 그에게 "네게 무엇을 하여 주기를 원하느냐"(막 10:51a)고 물으셨습니다. 몰라서 물으신 것입니까? 예수님은 바디매오가 자신이 간절히 원하는 것을 스스로 말하기를 원하셨습니다. 그것을 믿음으로 구하기를 기다리셨습니다. 이처럼 하나님은 우리에게 주기로 작정하신 축복들을 우리가 주님께 구하기까지 보류하시곤 합니다.

바디매오가 주님께 뭐라고 대답합니까? "선생님이여 보기를 원하나이다"(막 10:51b). 아마 이 대답이 나오는 데까지 1초도 안 걸렸을 것입니다. 그가 평생 간절하게 원했던 것이기 때문입니다. 자나 깨나 늘 꿈꾸던 것, 목구멍까지 차오르던 소원이었기 때문입니다. 이 간절함이야말로 기도의 정신이라고 할 수 있습니다.

간절함은 믿음에서 나오는 태도입니다. "주님, 저를 불쌍히 여겨 주십시오. 주님 아니면 안 됩니다. 주님만이 해 주실 수 있습니다. 주님만이 하실 수 있습니다" 하는 간절한 기도는 곧 믿음의 고백을 낳습니다.

바디매오는 예수님이 자신의 눈을 뜨게 해 주실 것을 믿어 의심치 않았습니다. 그래서 그의 전 재산이었을 겉옷을 버릴 수 있었고, 예수님이 무엇을 원하느냐고 물으실 때 곧바로 대답할 수 있었습니다. 하나님은 이처럼 가난한 마음과 간절한 믿음에 응답해 주십니다.

하나님은 우리를 불쌍히 여기시며, 우리를 늘 기다리고 계십니다.

은혜 베풀기를 원하시는 하나님께 구하는데 무슨 논리와 미사여구가 필요하겠습니까? 간절한 믿음의 기도만 있으면 됩니다.

예수님이 바디매오에게 "네 믿음이 너를 구원하였느니라"라고 말씀하시니 "그가 곧 보게 되어" 예수님을 길에서 따랐습니다(막 10:52). 바디매오는 보기를 원하였는데, 주님은 보는 것뿐 아니라 그의 영혼까지도 구원해 주셨습니다. 주님은 실로 "우리가 구하거나 생각하는 모든 것에 더 넘치도록"(엡 3:20) 주시는 분입니다.

하나님은 우리에게 정말 있어야 할 것이 무엇인지를 이미 아십니다. 우리의 필요를 채워 주실 뿐만 아니라 더 좋은 것으로 풍성하게 채워 주십니다. 그러니 좌절과 절망을 내려놓고, 하나님 앞에 나아가 도와달라고 하십시오. 도움을 청하되 구체적으로 구하십시오.

> 구하라 그리하면 너희에게 주실 것이요 찾으라 그리하면 찾아낼 것이요 문을 두드리라 그리하면 너희에게 열릴 것이니 구하는 이마다 받을 것이요 찾는 이는 찾아낼 것이요 두드리는 이에게는 열릴 것이니라 _마 7:7-8

백 프로 응답받는 기도의 핵심

제2차 세계대전이 끝나고 얼마 지나지 않았을 때의 일입니다. 한 여인이 식료품 가게에 들어가 성탄절에 아이들과 먹을 수 있을 만큼만 베풀어 달라고 청했습니다. 주인이 돈을 얼마나 낼 수 있느냐고 묻자 여인이 "남편이 전쟁터에서 죽은 바람에 기도밖에는 드릴 게 아무엇도 없습니다"라고 대답했습니다.

"그래요? 그럼 당신의 기도를 종이에 써서 주시오. 그 무게를 저울에 달아 딱 그만큼만 주겠소."

여인이 곧바로 곱게 접힌 종이 한 장을 주머니에서 꺼내 주인에게 건네며 말했습니다.

"지난밤에 우리 아기가 아파서 울었는데, 기도밖에는 해 줄 수 있는 게 없었어요. 그때 옆에 앉아서 이 기도문을 썼답니다."

주인은 종이를 펴 보지도 않고 한쪽 저울판 위에 올려놓고는 "자, 당신의 기도가 얼마나 나가는지 한번 달아 봅시다" 하고 비웃는 투로 말하며 다른 쪽 저울판에 빵 한 덩이를 올려놓았습니다. 그런데 놀랍게도 저울이 꼼짝도 하지 않았습니다. 한 덩이를 더 얹었는데도 마찬가지였습니다. 주인이 의아해하며 이것저것 올려 봤지만, 저울판은 미동도 하지 않았습니다. 당황한 주인이 여인에게 빈 봉지를 내밀며 "저울판에 더는 올릴 수가 없으니 당신이 알아서 챙겨 가시오" 하고 퉁명스럽게 말했습니다.

여인은 음식이 담긴 봉지를 품에 안고 눈물을 흘리고는 연신 몸을 굽혀 감사 인사를 하며 돌아갔습니다. 주인은 그제야 저울판에 올려놓았던 종이를 펴 보았습니다. 거기에는 여인의 말대로 짧은 기도문이 적혀 있었습니다.

"주여, 오늘 우리에게 일용할 양식을 주시옵소서."

주님이 가르쳐 주신 기도를 따라 쓴 기도문이었습니다. 주인은 주님이 그녀의 기도를 정말로 들어주셨다는 사실을 깨달았습니다. 그렇습니다. 하나님은 여인의 기도를 들으셨고, 즉시 응답해 주셨습니다. 여인이 마태복음 6장에 기록된 주기도문을 읽고, 하나님은 우리에게 일용할 양식을 주시는 분임을 믿었기 때문입니다.

우리는 기도를 통해 하나님이 하시는 일을 체험하고, 하나님에 관해 더욱 알아 갑니다. 하나님이 하시는 일은 참으로 놀랍습니다. 우리의 가난과 실패와 심지어 고통마저도 사용하여 당신의 뜻을 이루어 가십니다. 우리 이성의 한계를 넘어서 일하시는 하나님입니다.

> 너희가 내 안에 거하고 내 말이 너희 안에 거하면 무엇이든지 원하는 대로 구하라 그리하면 이루리라_요 15:7

예수님이 우리에게 "내 안에 거하라"고 말씀하십니다. '예수님 안'에 거한다는 것은 곧 '말씀 안'에 거하는 것입니다(요 1:1, 14 참조). 그러면 '거한다'는 것은 무슨 뜻입니까?

이 구절을 영어 번역본(NIV)으로 한번 볼까요?

> If you remain in me and my words remain in you, ask whatever you wish, and it will be given you.

여기서 '거하다'로 번역된 "remain"은 '떠나지 않고 계속 있다'는 의미입니다. 우리가 예수님(말씀)을 떠나지 않고 계속해서 그(말씀) 안에 있으면 어떤 일이 일어날까요? 예수님을 더욱 알게 됩니다. 예수님을 점점 알아갈수록 그와의 친밀함이 깊어집니다. 우리의 허한 마음이 채워지고, 믿음도 점점 견고해집니다.

"내 말이 너희 안에 거하면" 말씀의 의미도 동일합니다. 예수님의 말씀이 우리 안에 계속 있으면, 즉 우리가 말씀을 떠나지 않고 무시로 읽고 묵상하면 그 말씀의 의미를 분명히 알게 됩니다. 말씀 안에 하나님의 마음과 뜻과 계획과 약속이 있습니다. 말씀이 우리 안에 풍성해지면 희미하게 보이던 하나님의 계획과 뜻이 선명해집니다.

기도할 때 우리가 가장 기대하는 것이 무엇입니까? 바로 하나님의 응답입니다. 우리는 하나님의 응답을 간절히 원합니다. '응답받는 기도의 핵심'은 무엇일까요? 하나님의 말씀입니다. '내가 말씀 안에 거하고, 말씀이 내 안에 거할 때' 내 뜻이 아니라 하나님의 뜻을 따라 기도할 수 있습니다. 그때 무엇을 구하든 응답하시겠다고 약속하셨습니다. 하나님의 뜻을 좇아 드리는 기도야말로 백 프로 응답받는 기도입니다.

대부분의 기도가 문제나 위기 앞에서 시작되었다면 이제는 매일의 일상에서 말씀 중심의 기도로 나아가야 할 것입니다. 말씀 기도는 상황이나 문제가 아니라 말씀이신 하나님께 초점을 맞추는 기도입니다. 하나님이 어떤 분이신가에 시선을 집중할 때 우리는 상황을 뛰어넘을 수 있습니다. 말씀의 능력을 경험하며 믿음으로 도약하게 됩니다.

기도의 유익

우리가 지속적인 기도의 삶을 살 때 누릴 수 있는 여러 유익들이 있습니다.

첫째, 기쁨입니다. 우리 삶을 돌아보면 언제, 무엇 때문에 기쁜지 선뜻 말하기가 쉽지 않습니다. 기쁜 일이 없는 것은 아닌데 우리 입에서 기쁘다는 말이 자주 나오지 않는 이유는 아마도 우리 삶이 녹록지 않기 때문이라 생각합니다. 좋은 사람을 만날 때는 기쁘지만 헤어지면 그 기쁨도 끝납니다. 하는 일이 잘되면 기쁘지만, 언제 잘못될지 모르니 마냥 기뻐하지도 못합니다. 이처럼 기쁨의 유효 기간은 매우 짧습니다.

게다가 기쁨이란 감정은 마음먹는다고 해서 얻을 수 있는 게 아닙니다. 삶이 아무리 풍요로워도 기쁨을 느끼지 못하는 경우가 허다합니다. 모든 것을 가졌는데도 오히려 불만에 가득 차 있거나, 심지어 우울증에 빠져 있는 사람을 종종 봅니다. 왜 그럴까요? 그의 마음에 기쁨이 없기 때문입니다. 기쁨은 외적인 조건이나 상황의 문제가 아니라 내면의 문제임을 알 수 있습니다.

구약시대에 바벨론이 앗수르 제국을 멸망시키고 유다의 국운이 쇠퇴해 갈 무렵에 하박국 선지자가 사역했습니다. 그는 유다 백성이 패역하고 강포해지면서 나라 안에 정의가 사라지는 것을 지켜보며 고민하다가 침묵하시는 하나님께 따지듯 물었습니다.

주께서는 눈이 정결하시므로 악을 차마 보지 못하시며 패역을 차마 보지 못하시거늘 어찌하여 거짓된 자들을 방관하시며 악인이 자기보다 의로운 사람을 삼키는데도 잠잠하시나이까_합 1:13

그는 자기 눈앞에서 벌어지는 일들을 보면서 전혀 기쁘지 않았던 것입니다. 그런 그에게 하나님이 말씀하십니다.

이 묵시는 정한 때가 있나니 그 종말이 속히 이르겠고 결코 거짓되지 아니하리라 비록 더딜지라도 기다리라 지체되지 않고 반드시 응하리라 보라 그의 마음은 교만하며 그 속에서 정직하지 못하나 의인은 그의 믿음으로 말미암아 살리라_합 2:3-4

하박국 선지자는 그제야 하나님의 진심을 깨닫습니다. 하나님은 불의를 심판하시지 않는 것이 아니라 악을 행하는 자들마저도 회개하고 돌아오기를 기다리셨던 것입니다. 그는 사랑과 인내의 하나님을 비로소 알게 되었습니다. 마침내 그는 잃어버렸던 기쁨을 회복하고, 진노 중에라도 긍휼을 잊지 말아 달라고 간구하며 찬양합니다.

비록 무화과나무가 무성하지 못하며 포도나무에 열매가 없으며 감람나무에 소출이 없으며 밭에 먹을 것이 없으며 우리에 양이 없으며 외양간에 소가 없을지라도 나는 여호와로 말미암아 즐거워하며 나의 구원의 하나님으로 말미암아 기뻐하리로다_합 3:17-18

기쁨은 조건이 아닙니다. 상황이나 소유에 있지 않습니다. 하나님이 어떤 분이신지를 알면 자연히 기쁨이 샘솟습니다. 진정한 기쁨은 하나님에 대한 믿음을 온전히 회복할 때 비로소 느낄 수 있습니다. 기도가 기쁨의 통로 역할을 합니다. 기도가 바로 하나님과의 교제이기 때문입니다.

둘째, 평강입니다. 우리는 대개 문제를 묵상하느라 골치가 아픕니다. 문제를 해결할 능력이 없는데도 계속 생각하고 또 생각합니다. 그래 봤자 자신의 무능과 한계를 확인할 뿐입니다. 결국 울화가 치밀거나 낙심하여 자포자기에 이르기도 합니다.

그러나 성경은 이렇게 말합니다.

> 아무것도 염려하지 말고 다만 모든 일에 기도와 간구로, 너희 구할 것을 감사함으로 하나님께 아뢰라 그리하면 모든 지각에 뛰어난 하나님의 평강이 그리스도 예수 안에서 너희 마음과 생각을 지키시리라_빌 4:6-7

"아무것도 염려하지 말고"는 '너희가 할 일은 염려가 아니다. 나는 너희가 염려하는 것을 원치 않는다'는 말씀입니다. 또 "모든 일에"란 '하나도 예외 없이'를 뜻합니다. 큰 문제만 또는 시급하거나 중요한 일만 "기도와 간구"의 대상이 될까요? 아닙니다. 우리는 "모든 일"을 하나님께 아뢸 수 있습니다.

성경은 "너희 구할 것을 감사함으로 하나님께 아뢰라"고 말합니다.

하나님은 "조급한 마음에 염려에 치여 다른 누군가를 찾아 헤매지 말고, 나에게 와서 말하라"고 말씀하십니다.

세상이 아무리 혼탁하고 소란스러워도, 삶이 아무리 어렵고 힘들어도 하나님이 우리와 함께하시기에 언제나 우리의 결말은 멸망이 아니요 구원입니다. 이것이 하나님을 향한 우리 믿음이고, 이 믿음을 가진 자는 언제라도 감사할 수 있습니다.

그러므로 감사는 믿음의 또 다른 이름입니다. 감사함으로 기도하는 자에게 하나님의 평강이 임합니다. 불안하여 어쩔 줄 모르던 마음이 점점 잦아들며 평온함으로 바뀌는 것을 느껴 보았는지요? 우리의 이성으로는 도무지 가늠할 수 없는 모든 지각에 뛰어난 하나님의 평강이 우리 마음과 생각을 덮을 때 우리는 요동하지 않게 됩니다. 평강은 기도의 자리에서 누릴 수 있는 하나님의 선물입니다.

셋째, 지혜입니다. 지식과 지혜는 엄연히 다릅니다. 지식이 많다고 해서 반드시 지혜로운 것은 아닙니다. 성경이 말하는 '지혜'는 지혜의 근원이신 하나님을 아는 것입니다. 지혜는 하나님으로부터 나옵니다. 기도로 하나님께 가까이 나아가고, 그분을 알아 가는 것이야말로 지혜로 가는 지름길입니다.

넷째, 확신입니다. 인간은 존재론적 불안감을 안고 살아갑니다. "나는 누구인가? 어디서 왔는가? 왜 태어났는가? 무엇을 위해 살아야 하는가? 죽음은 과연 끝인가? 죽음 이후에 어디로 가는가?" 우리는 자기 존재에 관한 질문들의 답을 스스로 찾기 위해 애쓰곤 합니다. 그러나 답을 알지 못하니 불안합니다.

안전에의 확신과 안정감은 인간이 아니라 우리를 지으신 하나님께 있습니다. 하나님만이 우리 인생의 목적과 방향을 아십니다. 우리 인생의 정확한 지도는 주님 손에 있습니다. 그러므로 주님이 인도하시는 대로 따라가야만 인생을 제대로 살 수 있습니다. 이것을 몰라서 세상의 숱한 인생이 방황하는 것입니다.

시편 기자는 "여호와는 나의 반석이시요 나의 요새시요 나를 건지시는 이시요 나의 하나님이시요 내가 그 안에 피할 나의 바위시요 나의 방패시요 나의 구원의 뿔이시요 나의 산성"(시 18:2)이시라고 고백했습니다. "반석"은 견고하고 흔들림이 없어 안전합니다. 하나님만이 우리의 반석이 되십니다. 하나님이 우리를 얼마나 사랑하시는지를 알면, 주님이 우리를 결코 버리지 않으실 것임을 확신할 수 있습니다. 확신은 기도의 자리에서 우리 영혼에 피어납니다.

마지막 다섯째, 응답과 강함입니다.

> 내가 간구하는 날에 주께서 응답하시고 내 영혼에 힘을 주어 나를 강하게 하셨나이다_시 138:3

응답에 관한 내용은 시편의 다른 곳에서도 찾아볼 수 있습니다(시 3:4, 6:9). 하나님은 우리 기도를 들으실 뿐만 아니라 기도에 응답하시는 분입니다. 바로 여기에 소망이 있습니다. 우리에게는 언제든지 기댈 수 있는 언덕이 있습니다. 우리의 모든 형편과 상황을 아시는 하나님이 우리가 부르짖을 때 응답해 주시기 때문입니다.

또한 주님은 우리 영혼에 힘을 주어 "강하게" 하십니다. 우리는 기도를 통해 주님이 주시는 힘을 얻고 강해집니다. '믿음 장'으로 알려진 히브리서 11장에는 믿음의 영웅들이 등장합니다.

그들은 믿음으로 나라들을 이기기도 하며 의를 행하기도 하며 약속을 받기도 하며 사자들의 입을 막기도 하며 불의 세력을 멸하기도 하며 칼날을 피하기도 하며 연약한 가운데서 강하게 되기도 하며 전쟁에 용감하게 되어 이방 사람들의 진을 물리치기도 하며_히 11:33-34

또 어떤 이들은 조롱과 채찍질뿐 아니라 결박과 옥에 갇히는 시련도 받았으며 돌로 치는 것과 톱으로 켜는 것과 시험과 칼로 죽임을 당하고 양과 염소의 가죽을 입고 유리하여 궁핍과 환난과 학대를 받았으니 (이런 사람은 세상이 감당하지 못하느니라) 그들이 광야와 산과 동굴과 토굴에 유리하였느니라_히 11:36-38

인간으로서 감당하기 어려운 고난 앞에서 그들은 승리했습니다. 성경은 세상이 그런 사람들을 감당하지 못한다고 말합니다. 하나님의 능력이 그들과 함께하심으로써, 그들은 믿음의 승리를 거둘 수 있었습니다.

세상에는 우리 힘으로는 도저히 극복할 수 없는 상황이 숱하게 벌어지고, 아무리 발버둥 쳐도 이겨 낼 수 없는 문제들이 수시로 들이닥칩니다. 어떻게 하면 이 모든 문제들로부터 자유로울 수 있습니까?

우리 기도를 들으시는 하나님의 능력을 덧입는 것 외에는 다른 방법이 없습니다.

우리가 겪는 온갖 문제는 기도하라는 하나님의 사인이자 하나님만 바라보도록 이끄시는 하나님의 은혜입니다. C.S. 루이스(C.S. Lewis)는 "고통은 하나님의 확성기"라고 말했습니다. 우리는 고통을 통해 하나님의 음성을 평소보다 더 크고 분명하게 들을 수 있습니다. 하나님의 음성을 듣는 인생은 복됩니다. 하나님의 음성을 듣는 사람은 믿음의 길을 흔들림 없이 묵묵히 갈 수 있기 때문입니다.

PART 2.
자녀를 세우는 엄마의 기도

1. 엄마는 말씀으로 기도한다

말씀 앞에 홀로 서는 시간을 가질 때 주님이 우리 삶의 모든 것 되시는 복을 경험하게 된다.

_앤드류 머레이

기도는 왜 영적 전쟁인가

초저녁에 일어나 부르짖을지어다 네 마음을 주의 얼굴 앞에 물 쏟듯 할지어다 각 길 어귀에서 주려 기진한 네 어린 자녀들의 생명을 위하여 주를 향하여 손을 들지어다_애 2:19

성경 중 가장 슬픈 내용이 담긴 책은 예레미야애가가 아닐까 싶습니다. 예레미야 선지자는 눈물의 선지자로 불렸습니다. 벼랑 끝에 서 있는 것 같은 나라, 수없이 하나님의 심판을 외쳤지만 끝까지 하나님께로 돌이키지 않는 백성들을 보며 그는 끊임없이 울었던 기도의 사람이었습니다. 지금 예루살렘성은 바벨론에 의해 포위된 상황입니다.

예레미야 선지자는 이스라엘 백성들을 향해 외칩니다. "초저녁에 일어나 부르짖을지어다." 여기서 초저녁, 초경은 이스라엘 시간으로 밤 10시 즈음입니다. 이스라엘 백성들은 평소에 시간을 정해 놓고 기도했습니다. 그런데 모두가 쉬고 잠잘 준비를 해야 할 밤에 자지 말고 일어나 부르짖으라는 말은 무슨 뜻일까요?

이런 상황에서 '너 지금 잠이 오느냐? 깨어 일어나 부르짖어야 하지 않겠느냐?'는 의미로 다가옵니다. 표준새번역 성경에는 "온 밤 내내 시간을 알릴 때마다 일어나 부르짖어라"고 되어 있습니다. 하나님께 네 마음을 숨기지 말고 물 쏟듯이 다 쏟아내라는 뜻입니다. 특히 예레미야는 "네 어린 자녀들의 생명을 위하여 주를 향하여 손을 들지어다"라고 외치고 있습니다. 손을 든다는 것은 항복의 표시 아닙니까! 그리고 도와달라고 요청하는 모습이기도 합니다. 당시 포위당한 예루살렘성 안에서는 아이들이 굶주리며 쓰러져 죽어가고 있었습니다. 그러니 가만 있지 말고 네 어린 자녀들을 살려달라고 부르짖으라는 말씀입니다.

저는 이 말씀을 읽을 때마다 마치 지금 이 시대를 보고 있는 것 같은 생각이 들곤 합니다. 겉으로 보기에 우리 자녀들은 부모 세대보다 더 건장한 육체로 더 풍요로운 시대를 살고 있습니다. 하지만 저들의 영혼도 과연 그럴까요? 우리 자녀들을 둘러싼 환경은 마치 어둔 밤 적군에게 포위된 예루살렘성 같습니다. 자극적이고 정욕적인 세속 문화가 저들을 둘러싸고 있습니다. 음란한 영상물은 도처에 널려 있습니다. 세상의 소리는 저들을 유혹합니다. "좋은 게 좋은 거야. 네 마음이 끌리는 대로 하면 돼. 네가 신이야….”

또 가정에서는 부모와의 친밀함이 점점 사라져 갑니다. 그 친밀함을 엉뚱한 데서 찾으려는 저들의 일탈은 이미 도를 넘었습니다. 지금 우리 자녀 세대를 보면 저들이 바로 각 길 어귀에서 주려 기진한 자들 같습니다. 부모가 정신을 차려야 합니다. 특히 우리 엄마들이 깨어 기도해야 합니다. 세속의 봇물이 가정을 치고 들어올 때 누가 먼저 쓰러집니까? 우리 어린 자녀들입니다. 예레미야는 그것을 우리에게 알려 주고 있습니다.

사탄은 은밀히, 아니 이제 대놓고 우리 자녀들을 공격하고 있습니다. 학교는 이미 전쟁터입니다. 우리는 더 이상 자녀들을 학교에 보내놓고 마음 편히 있을 수가 없습니다. 하루 중 가장 많은 시간을 보내는 학교에서 자녀들이 무엇을 보고 듣는지, 어떤 악한 영향을 받고 있는지도 모르고 그저 무심히 있으면 안 됩니다. 그들을 일일이 따라다닐 수는 없지만 우리는 그들을 지킬 수 있습니다. 기도로 그들의 삶에 관여하는 것입니다.

MIP 기도하는 엄마들은 기도 짝과 함께 자녀를 위해 기도하는 것을 넘어 자녀들의 학교별로 모여 ‘학교기도모임’을 하고 있습니다. 실제적이고 구체적인 기도 제목들을 가지고 학교 전반에 관해 기도하며 학교의 영적 분위기가 바뀌도록 기도합니다. 우리 신앙의 자녀들이 예수 안에서 올바른 정체성과 믿음으로 학교생활을 할 수 있도록 기도합니다. 이런 엄마들의 기도에 힘입어 우리 자녀들도 학교기도모임을 만들고 있습니다. 어린 초등학교 학생들까지 학교기도모임에 동참하고 있음은 큰 감동입니다.

기도는 영적 전쟁입니다. 우리 자녀들이 학교에서 기도모임을 하려고 하면 여러 제약들이 많습니다. 처음에는 한두 명이 복도에서, 운동장에서, 때로는 쓰레기장 옆에서, 쉬는 시간에, 혹은 등교 전에 일찍 만나서, 혹은 급식을 포기하고 점심시간에 기도를 시작합니다. 다행히 믿음의 교사들이 도와주면 모임은 순조롭게 진행되지만 그렇지 못한 경우에는 심한 영적 전쟁을 겪습니다.

모 여고에서 기도모임을 하다가 기도장인 학생이 교장 선생님에게 불려갔습니다. 계속 기도하면 정학을 시킬 수밖에 없다는 말을 듣고도 계속하다가 그대로 정학을 당했습니다. 그런데 그 다음 날 인근의 한 교회에서 교장 선생님을 찾아왔습니다. 그 교회에서 장학금을 모아 왔는데 이 학교에서 신앙이 좋고 공부도 열심히 하는 학생에게 전달해 주면 좋겠다고 했답니다. 교장 선생님이 누구를 떠올렸을까요? 기도모임을 계속하다가 바로 어제 정학당한 학생이 생각났습니다. 정학을 당해 의기소침해 있던 그 학생은 장학금으로 인해 오히려 큰 확신과 격려를 받게 되었습니다. 이 소식이 이리저리 알려져 자녀들의 학교기도모임이 더욱 활발히 일어나는 계기가 되었습니다. 하나님은 우리의 기도를 사용하셔서 놀라운 일을 행하십니다.

> 우리의 씨름은 혈과 육을 상대하는 것이 아니요 통치자들과 권세들과 이 어둠의 세상 주관자들과 하늘에 있는 악의 영들을 상대함이라_엡 6:12

우리가 싸울 대상은 어둠의 세상 주관자들과 하늘에 있는 악한 영들입니다. 사탄은 우리를 끊임없이 유혹하고 시험하고 방해합니다. 심지어 기도의 자리, 은혜의 자리까지도 찾아옵니다. 우리를 하나님에게서 떨어뜨려 놓기 위해서입니다. 우리로 하여금 그릇된 길로 행하게 하여 하나님에게서 멀어지게 하려고 안간힘을 씁니다. 하나님을 떠나 자기 길로 나아가면, 멸망과 죽음뿐입니다. 이처럼 우리의 신앙 여정은 끊임없는 사탄과의 전쟁입니다.

성경은 사탄에 대해서 "그는 처음부터 살인한 자요 진리가 그 속에 없으므로… 거짓말쟁이요 거짓의 아비"(요 8:44)라고 말합니다. 눈에 보이지 않는 사탄과의 영적 전쟁에서 이기는 비결이 무엇입니까? 내 힘과 능력으로는 안 됩니다. 생명과 진리의 말씀을 붙들고 기도해야 합니다. 그럴 때 강력한 하나님의 능력이 임하고 우리는 이길 수 있습니다.

예수님의 생애는 기도로 시작하여 기도로 마무리되었다고 해도 과언이 아닙니다. 예수님이 40일 금식을 하신 이후에 사탄이 시험을 걸어왔습니다. 영적으로 충만한 상태여서 도무지 사탄이 시험을 걸어올 수 없을 것 같은 시점에, 한 번도 아니고 세 번이나 시험했습니다. 영적 전쟁은 우리가 영적으로 충만할 때, 혹은 그렇지 못할 때에도 항상 있다는 사실, 그리고 한 번이 아니라 계속 이어질 수 있음을 기억해야 합니다. 사탄은 대상을 가리지 않습니다. 우리는 예수님이 그러하셨듯이 말씀으로 사탄을 대적해야 합니다. 영적 전쟁에서 가장 강력한 무기는 바로 살아 계신 하나님의 능력의 말씀과 기도임을 잊지 마십시오.

말씀에 기초한 기도가 응답받는다

기도는 하나님의 능력을 언제든 청할 수 있는 마스터키입니다. 그런 의미에서 기도는 믿는 자의 특권이요 영적 권세로만 부릴 수 있는 비밀 병기라고 할 수 있습니다. 하늘 아버지의 창고에는 모든 것이 있으며, 이것은 기도로만 열 수 있습니다.

기도라는 마스터키에 우리는 무엇을 기대합니까? 바로 응답입니다. 그것도 '예스'라는 긍정의 응답을 가장 기대합니다. 자녀를 위해 기도하는 엄마만큼 절실한 마음이 또 있겠습니까? 응답받을 수만 있다면, 맨몸으로 태평양을 건너라고 해도 엄마는 물에 뛰어들 것입니다.

하나님의 응답에는 예스(Yes), 노(No), 기다림(Wait)이 있습니다. 내가 구하는 것이 하나님의 뜻과 때에 합당할 때는 예스로 응답하십니다. 하나님의 뜻에 어긋날 때는 거절하십니다. 하나님의 뜻에는 맞지만, 아직 때가 아닐 때는 기다리라고 하십니다. 그러므로 기도하는 엄마가 가장 먼저 해야 할 일은 하나님의 말씀에 귀 기울이는 것입니다.

말씀으로 기도하면 그냥 기도할 때보다 응답이 빠릅니다. 왜냐면 처음부터 자기 생각이 아닌 하나님의 말씀, 즉 하나님의 뜻과 생각을 붙들고 기도하기 때문입니다. 하나님은 말씀을 통해 내 생각이 얼마나 진리로부터 멀리 벗어나 있는지 깨닫게 하십니다. 말씀을 통해 은밀하게 숨겨져 있던 내면의 욕심을 보게 하십니다. 말씀으로 우리를 책망하시고, 바르게 하시며, 의의 길로 이끄십니다. 그러나 우리 자신의 뜻과 욕심이 담긴 기도는 하나님이 응답하실 수가 없습니다. 우리가 운전하다 길을 잘못 들면 다시 빠져나오기까지 고생합니다. 마찬가지로 한 번 마음에 욕심을 품으면 내려놓기가 매우 힘듭니다.

그래서 기도의 자리에서 하나님과 씨름을 합니다. 왜 응답해 주지 않느냐고 화를 내고 떼도 쓰면서 매달립니다. 욕심은 대부분 고난을 겪어야 꺾입니다. 그렇게 많은 에너지와 시간을 들이고 난 후에야 비로소 "아, 하나님의 뜻은 이것이었군요" 하면서 뒤늦게 깨닫게 됩니다. 이렇게 하나님의 뜻을 모르면 안 해도 될 고생을 하게 됩니다.

하나님의 말씀이 기도의 시작이어야 합니다. 내 이야기를 하기 전에 먼저 말씀을 통해 하나님의 생각이 무엇인지를 듣고 나면 기도 생활에 큰 변화가 일어납니다. 내 생각과 주관과 이기심과 숨은 내적 동기들이 하나씩 사라집니다. 그리고 하나님의 생각, 즉 성경적 관점으로 구하게 됩니다. 말씀을 통해 얻은 온전한 분별력과 판단력을 가지고 하나님의 뜻을 따라 구하게 됩니다. 이것이 하나님이 기도의 자리에서 우리를 다루시고 새롭게 하시는 과정이요 역사입니다.

진리의 말씀 앞에 자기를 부인하고, 순종하는 삶을 통해 영적 성장과 성숙이 계속 일어나면서 하나님이 기뻐하시는 선한 일을 행할 온전한 사람으로 변화되는 것입니다. 말씀이 우리의 모든 것을 변화시키는 능력입니다.

말씀이 기도의 시작이다

기도는 내 심정을 하나님에게 토로하고, 동시에 하나님의 마음을 내 마음에 담는 시간입니다. 그런 면에서 기도는 하나님을 향한 일방적인 통보가 아니라 하나님과 내가 나누는 소통입니다.

그러므로 우리는 자기 말만 할 게 아니라 우리 기도를 들으시는 분의 말씀을 들어야 합니다. '듣는다는 것'은 하나님의 말씀을 읽고 묵상하는 것을 의미합니다. 기도는 말씀 묵상에서 시작됩니다. 말씀 묵상이 기도의 출발입니다.

'기도하는 엄마들'은 말씀 기도를 훈련합니다. 하나님의 말씀을 묵상하고, 묵상한 내용을 따라 기도하는 훈련입니다. 말씀으로 기도해야만 자기 생각에 함몰되지 않고, 하나님의 뜻을 따를 수 있습니다. 판사가 법전에 기록된 법률에 의거하여 판결하듯이, 의로운 재판장이신 하나님은 이미 계시하신 말씀, 곧 성경에 기록된 말씀 안에서 우리 기도에 응답해 주십니다.

구원의 투구와 성령의 검 곧 하나님의 말씀을 가지라_엡 6:17

말씀은 성령의 검으로 가장 강력한 무기입니다. 따라서 말씀으로 기도해야 능력 있는 기도를 할 수 있습니다.

말씀은 우리를 지키고 살려 주는 무기입니다. 만일 여러 문제와 풀리지 않는 어려움들로 고통을 당하고 있다면 하나님의 말씀을 붙들어야 합니다. 말씀이 우리를 살립니다(시 107:19- 20). 또한 하나님의 말씀은 의롭고 진실하기에 우리가 신뢰할 수 있습니다(시 119:138).

> 여호와의 말씀은 순결함이여 흙 도가니에 일곱 번 단련한 은 같도
> 다_시 12:6

말씀의 순도는 의심할 여지 없이 완전히 신뢰할 수 있습니다. 말씀
은 죽은 영혼을 살리며, 어리석은 자를 지혜롭게 하고, 황량해진 마
음에 참 기쁨을 주며, 혼란한 세상에서 눈을 밝히는 능력이 됩니다(시
19:7-8).

> 이는 비와 눈이 하늘로부터 내려서 그리로 되돌아가지 아니하고 땅을
> 적셔서 소출이 나게 하며 싹이 나게 하여 파종하는 자에게는 종자를
> 주며 먹는 자에게는 양식을 줌과 같이 내 입에서 나가는 말도 이와 같
> 이 헛되이 내게로 되돌아오지 아니하고 나의 기뻐하는 뜻을 이루며 내
> 가 보낸 일에 형통함이니라_사 55:10-11

하나님 말씀이 헛되이 되돌아오지 않는다는 것은 말씀이 반드시
이루어진다는 의미입니다. 하나님의 말씀은 완료형이 아니라 현재
진행형입니다. 그렇기에 말씀으로 기도하다 보면 말씀이 살아 역사
하는 것을 경험하게 되고, 그 능력을 경험할수록 불안하던 마음에 평
강이, 답답하던 마음에 소망이 채워집니다.

우리가 말씀을 붙들고 끝까지 가기만 한다면 말씀대로 이루시는

하나님의 역사를 경험하게 될 것입니다.

저는 모태신앙으로 태어나 어릴 때부터 말씀을 들으며 자랐습니다. 예수님에 관해 잘 안다고 생각했고, 또 스스로 예수님을 잘 믿는다고 자신했습니다. 그러나 예수님을 머리로만 알 뿐 직접 경험하진 못했습니다. 제가 예수 그리스도를 만난 것은 대학교 때입니다. 어느 여름방학 수련회에서 기도하다가 살아계신 주님을 체험한 후에 제 삶이 달라졌습니다. 집으로 돌아와 방학인데도 캠퍼스에 나가 열심히 기도하고, 전도했던 기억이 납니다.

하나님을 '안다'는 것은 단순한 지식적 앎을 넘어 경험을 통해 체득하는 앎이어야 합니다. 우리가 말씀을 통해 하나님에 관한 지식을 어느 정도 쌓을 수는 있겠지만, 머리로만 알고 있던 하나님을 자기 삶에서 직접 경험하는 것은 다른 차원의 일입니다. 기도야말로 살아계신 하나님을 만나고 경험할 수 있는 통로입니다. 우리가 경험을 통해 하나님을 알아갈수록 눈앞에 일어나는 사건이나 상황에 별다른 영향을 받지 않게 됩니다.

때로 자녀로 인해 속앓이를 하거나 눈물을 흘리는 때가 있습니다. 삶의 무게에 짓눌려 자녀에게 마음껏 해 주지 못해서 가슴 아픈 때도 있을 것입니다. 어디 자녀 문제뿐이겠습니까? 예기치 못한 일들로 고통을 겪는 게 인생입니다. 형태만 조금 다를 뿐, 모두가 문제 속에 살아가고 있습니다.

세상 사람들은 문제에 부딪힐 때 절망하거나 신세 한탄을 할지 모르지만, 우리에게는 하나님이 계십니다. 우리는 하나님의 백성입니다. 가슴 아프고 답답하고 속상하고 고통스러운 상황에 처할 때 눈을 들어 하나님을 바라보아야 합니다.

문제에만 골몰하여 드리는 기도와 오직 하나님만 바라보며 드리는 기도는 분명한 차이가 있습니다. 어떻게 하면 하나님께 시선을 고정할 수 있습니까? 말씀에 집중하는 것이 곧 하나님께 시선을 고정하는 것입니다. 하나님의 말씀을 깊이 묵상하고 그에 따라 기도할 때, 불안에서 벗어나 허공을 치는 기도가 아닌 힘 있는 믿음의 기도를 하게 됩니다.

> 잠깐 고난을 당한 너희를 친히 온전하게 하시며 굳건하게 하시며 강하게 하시며 터를 견고하게 하시리라_벧전 5:10b

이 말씀으로 기도를 드려 보시기 바랍니다. "하나님, 우리가 하나님의 관점을 갖게 하사 현재의 고난을 아주 잠깐 당하는 고난으로 여기고 잘 인내하게 하소서"라고 기도할 수 있습니다. 또한 "고난을 통해 우리를 온전하게 하시며 굳건하게 하시며 강하게 하시며 터를 견고하게 하시는 하나님을 바라보며 기대감으로 오늘 하루를 승리하게 하소서"라고도 할 수 있습니다. 말씀으로 기도하면 감정을 토로하는 기도를 할 때보다 힘이 있고 평안이 임하는 걸 느낄 수 있을 것입니다.

불안해하지 마십시오. 사도 바울이 그 무엇도 우리를 그리스도의 사랑에서 끊을 수 없음을 일깨워 줍니다.

누가 우리를 그리스도의 사랑에서 끊으리요 환난이나 곤고나 박해나 기근이나 적신이나 위험이나 칼이랴 기록된 바 우리가 종일 주를 위하여 죽임을 당하게 되며 도살당할 양같이 여김을 받았나이다 함과 같으니라 그러나 이 모든 일에 우리를 사랑하시는 이로 말미암아 우리가 넉넉히 이기느니라 _롬 8:35-37

사랑의 하나님이 도우시기 때문에 우리는 반드시 이깁니다. 이것이 말씀이 우리에게 주는 힘이요 확신입니다. 확신이란 모든 것을 뚫는 힘입니다. 확신이 있어야 어떤 어려운 일에 부딪혀도 포기하지 않습니다. 말씀으로 기도하는 것이 곧 능력임을 기억하시기 바랍니다.

이처럼 기도와 말씀은 아주 긴밀한 관계에 있습니다. 기도가 깊어지면 말씀이 깊어지고, 말씀이 깊어지면 기도가 깊어집니다. 말씀과 기도가 한데 어우러져야만 상승효과, 곧 시너지가 일어납니다.

말씀을 묵상하고, 그 속에 나타난 하나님의 이름과 성품과 능력과 약속을 찾아 그것에 근거하여 기도해 보십시오. 히브리인들은 여호와 하나님을 여러 가지 표현으로 묘사하곤 했습니다. 몇몇은 우리말 성경에 그대로 실리기도 했습니다.

승리케 하시는 하나님을 뜻하는 여호와 닛시(출 17:15), 평강의 하나님을 뜻하는 여호와 살롬(삿 6:24), 우리와 함께하시는 하나님을 뜻하는 여호와 삼마(겔 48:35), 준비하시는 하나님을 뜻하는 여호와 이레(창 22:14) 등입니다. 그 외에도 우리말로 번역된 이름들이 있습니다. 예를 들어, 여호와 체바오트(만군의 여호와, 삼상 1:3), 여호와 치드케누(여호와 우리의 공의, 렘 23:6, 33:16), 엘샤다이 (전능한 하나님, 창 17:1) 등입니다.

하나님을 부르는 다양한 이름이 그 권능을 보여 줍니다. 우리가 기도할 때 권능의 하나님이 우리와 함께하십니다.

이것이 바로 하나님의 말씀에 기초한 기도이며, '기도하는 엄마들'(Moms In Prayer, MIP)의 기도 방식입니다.

말씀으로 기도하면 지금껏 살면서 수없이 들어온 온갖 세상 소리와 그 소리와 함께 흘러들어 왔던 세상의 가치관이 말씀으로 대치되는 것을 느끼게 될 것입니다. 말씀의 능력이 우리를 변화시킵니다. 그 능력에 힘입어 변화되어 갈수록 기도의 응답을 더 자주 경험하게 될 것입니다.

기도의 지경을 공동체로 넓혀라

신약성경에서 '교회'를 뜻하는 헬라어 '에클레시아'는 '밖으로 불러 모으다'라는 뜻으로, 주님이 세상에서 불러 모아 거룩하게 구별하신 자들의 모임, 곧 예수 그리스도를 구주로 고백하는 성도들의 모임을 가리킵니다.

'에클레시아'는 마태복음에서 처음 언급됩니다.

예수께서 빌립보 가이사랴 지방에 이르러 제자들에게 물어 이르시되 사람들이 인자를 누구라 하느냐 이르되 더러는 세례 요한, 더러는 엘리야, 어떤 이는 예레미야나 선지자 중의 하나라 하나이다 이르시되 너희는 나를 누구라 하느냐 시몬 베드로가 대답하여 이르되 주는 그리

스도시요 살아 계신 하나님의 아들이시니이다 예수께서 대답하여 이
르시되 바요나 시몬아 네가 복이 있도다 이를 네게 알게 한 이는 혈육
이 아니요 하늘에 계신 내 아버지시니라 또 내가 네게 이르노니 너는
베드로라 내가 이 반석 위에 내 교회를 세우리니 음부의 권세가 이기
지 못하리라 _마 16:13-18

예수님은 베드로의 당찬 고백을 칭찬하셨고, 그의 신앙 고백 위에
"내 교회"를 세우겠다고 말씀하셨습니다. 이 교회가 바로 에클레시아
입니다. 그리고 "음부의 권세"가 이 교회를 이기지 못할 것이라고 말
씀하셨습니다. 이 말씀을 통해 우리는 이 땅의 교회들은 음부의 권세
와 맞서 싸워야 한다는 사실을 알 수 있지요.

하나님이 이 땅에 교회를 세우신 목적은 죄에 묶이고, 마귀에게 묶
여 있는 영혼들에게 예수 그리스도의 복음을 전함으로써 그들이 예
수님을 믿고 구원을 얻게 하려 함입니다. 그러므로 교회의 핵심 사역
은 다름 아닌 영혼 구원이고, 영혼을 구원하기 위해서는 음부의 권세
인 마귀와의 싸움을 피할 수가 없습니다.

하지만 걱정할 필요 없습니다. 하나님이 교회에 능력을 주셨기 때
문입니다. 주님은 교회의 사명이 '매는 것'과 '푸는 것'이라고 말씀하
십니다.

내가 천국 열쇠를 네게 주리니 네가 땅에서 무엇이든지 매면 하늘에서
도 매일 것이요 네가 땅에서 무엇이든지 풀면 하늘에서도 풀리리라 하

시고_마 16:19

이 말씀은 마태복음 18장에서도 다시 한 번 반복됩니다(마 18:18). 그런데 맨다는 것, 곧 묶는다는 것은 무엇이며, 푼다는 것은 또 무엇입니까?

사람이 먼저 강한 자를 결박하지 않고서야 어떻게 그 강한 자의 집에 들어가 그 세간을 강탈하겠느냐 결박한 후에야 그 집을 강탈하리라 _마 12:29

여기서 "강한 자"란 마귀를 가리킵니다. 마귀에게 매인 자들을 풀어 주기 위해서는 먼저 "강한 자"부터 붙잡아 묶어 두어야 합니다. 예수 그리스도의 이름으로 결박해야만 마귀가 꼼짝하지 못합니다.

내가 너희에게 뱀과 전갈을 밟으며 원수의 모든 능력을 제어할 권능을 주었으니 너희를 해칠 자가 결코 없으리라_눅 10:19

우리에게 "원수의 모든 능력을 제어할 권능"을 이미 주셨습니다. 그 능력으로 "뱀과 전갈"을 밟아야 합니다. 이것이 바로 마귀의 능력을 묶는 것입니다. 지금도 사탄은 우리 가정과 교회, 자녀 세대, 학교, 또 온 나라와 세상 가운데서 활발히 움직이고 있습니다. 우리는 사탄의 무리를 주 예수의 이름으로 묶어야 합니다. 이것이 그리스도께서 이 땅에 오신 이유이며, 이 땅에 교회를 세우신 뜻입니다.

사탄을 묶고 나서는 묶인 자들을 풀어야 합니다. 즉 해방시켜야 합니다.

> 주의 성령이 내게 임하셨으니 이는 가난한 자에게 복음을 전하게 하시
> 려고 내게 기름을 부으시고 나를 보내사 포로 된 자에게 자유를, 눈먼
> 자에게 다시 보게 함을 전파하며 눌린 자를 자유롭게 하고 주의 은혜
> 의 해를 전파하게 하려 하심이라_눅 4:18-19

주님은 안식일에 회당에서 이사야서 말씀을 읽으셨습니다(참조, 사 61:1). 주님이 이 땅에 오신 목적을 명확히 말씀하고 계십니다. "포로 된 자"와 "눈먼 자"와 "눌린 자"를 묶고 있는 것을 풀어 주어 자유롭게 해 주려고 오신 것입니다.

그런데 사탄이 묶고 있는 것은 그냥 풀리지 않습니다. 우리는 사탄과 치열한 영적 전쟁을 치러야만 합니다. 사탄과 싸워 죽음과 생명, 어둠과 빛 사이에 묶여 있는 영혼들이 풀려나게 해야 합니다. 이때 필요한 것이 바로 기도입니다.

사탄의 권세를 묶고, 그 권세에 묶인 영혼들을 푸는 데에는 "합심" 기도가 필요합니다. 합심기도는 다음 장에서 자세히 다룹니다.

2. 엄마는 함께 기도한다

혼자서는 거의 아무것도 이루지 못하지만, 함께하면 많은 것을 이룰 수 있다.

-헬렌 켈러

사탄은 우리가 가는 곳마다, 우리 눈길이 닿는 곳마다 진지를 구축하여 우리를 에워싸고 있습니다. 우리 주변에는 사탄이 세운 진들이 수없이 늘어서 있습니다. 그것들과 맞서기 위해서는 기동력이 필요합니다. 그래야만 주님이 주신 권능으로 강력한 기도를 즉시 드릴 수 있습니다.

기동력 면에서는 둘씩 짝지어서 기도하는 것이 효율적이며 가장 확실합니다. 기도가 필요할 때마다 단출하게 둘이 모여 기도하면 되니 말입니다. 두 사람이라고 무시할 수 없습니다. 둘이 모여 기도하나 백 명이 모여 기도하나 하나님께 상달되는 기도의 무게는 같습니다. 하나님의 관심은 우리가 한마음으로 연합하여 기도하는 데 있습니다.

합심기도는 최고의 전략이다

우리는 눈에 보이지 않는 사탄과 전쟁을 합니다. 그런데도 눈에 보이는 자녀나 남편이나 아내와 다툴 때가 많습니다. 사탄은 우리 가정을 어떻게든 깨뜨리려고 혈안이 되어 있습니다.

많은 부모가 자기 힘으로 자녀를 양육해 보겠다고 하다가 마음이 상하곤 합니다. 부모와 자녀가 서로 말을 걸지 않고, 눈도 마주치지 않습니다. 남보다도 못하게 사이가 서먹해지기도 합니다. 돌이킬 수 없을 정도로 관계가 악화되는 일도 있습니다. 비단 부모와 자녀만의 문제가 아닙니다. 부부 사이도 마찬가지입니다.

사실, 우리는 자기 인생 하나조차도 스스로 책임지지 못합니다. 하물며 자녀의 인생을 어찌 책임질 수 있겠습니까? 인생이 내 것이 아니라 하나님의 것이듯, 자녀의 인생 또한 부모의 것이 아니라 하나님의 것입니다. 자녀를 온전한 길로 이끄실 분은 오직 한 분, 사랑과 능력의 하나님뿐입니다.

우리가 기도할 때, 하나님이 일하십니다. 하나님의 말씀에 기초한 기도야말로 응답받는 능력의 기도이자 영적 전쟁에서 승리하는 비결입니다. 이때 최고의 전략이 바로 합심기도입니다.

예수님은 합심기도에 관해 이렇게 말씀하셨습니다.

진실로 다시 너희에게 이르노니 너희 중의 두 사람이 땅에서 합심하여 무엇이든지 구하면 하늘에 계신 내 아버지께서 그들을 위하여 이루게 하시리라_마 18:19

합심기도란 두 사람 이상이 마음을 합하여 드리는 기도입니다. 대표적인 합심기도가 여럿이 한목소리로 드리는 통성 기도입니다. 일명 한국식 기도(Korean Style Prayer)라고도 하는데 교회에서 온 회중이 "주여, 주여"를 외치며 큰 소리로 기도합니다.

그런데 예수님의 말씀을 다시 한 번 찬찬히 살펴볼까요? 예수님은 '온 회중'이라고 말씀하시지 않습니다. "합심" 기도를 말씀하시면서도 오히려 "너희 중의 두 사람이"라고 하십니다. 흥미롭지 않습니까? '너희 중의 만 명이' 또는 '천 명이', '백 명이', '열 명이' 합심하여 기도하면, 하늘에 계신 아버지께서 이루어 주시리라고 말씀하실 수도 있는데, 그저 "두 사람이"라고 말씀하십니다. 숫자가 중요한 것이 아니라는 말씀입니다. 단 두 사람이라도 마음을 합하여 기도하는 것이 합심기도임을 강조하신 것입니다.

사실, 우리는 숫자에 민감합니다.

"이번 집회에는 3만 명이 모였대요"라고 하면 눈을 크게 뜨며 감탄하고, "한 백 명쯤 모였으려나" 하면 "그 정도밖에 안 왔대요?"라며 실망감을 드러내곤 합니다.

물론 많이 모이는 것도 좋습니다. 우리는 최소 몇백 명은 모여서 "주여!" 삼창을 해야 비로소 힘 있는 기도를 했다고 여깁니다. 성도들이 많이 모일수록 더욱 힘이 나고, 큰 도전을 받는 것은 사실입니다. 하지만 매번 그렇게 모일 수는 없습니다.

저는 주님이 어마어마하게 큰 숫자가 아닌 단둘을 말씀해 주신 것에 감사합니다. 두 사람만 모여서 기도해도 어엿한 합심기도라는 말

쓰이기 때문입니다. 게다가 두 사람만 있어도 음부의 권세를 흔들 수 있다는 뜻이 됩니다.

하나님은 교회에 사탄의 악한 영향력을 묶고, 죄에 묶인 영혼들을 풀어야 하는 사명을 주셨습니다. 그러므로 교회의 권능은 겉으로 보이는 크기에 따라 달라지지 않습니다. 두 사람이 모여 기도해도 권능을 발휘할 수 있으며, 교회에 주신 사명을 감당할 수 있습니다.

하나님의 비전은 영혼 구원입니다. 하나님은 먼저 구원받은 우리를 동역자로 삼으셔서 기도를 통해 구속 사역을 펼쳐 나가십니다. 늘 기도가 살아 있는 곳, 기도로 가득 채워져야 하는 곳이 바로 교회입니다. 교회는 주님이 세상에서 불러 모아 거룩하게 구별하신 이들이 모이는 곳이자 하나님이 거하시는 처소이기도 합니다.

그들에게 이르시되 기록된 바 내 집은 기도하는 집이라 일컬음을 받으리라 _마 21:13a

교회는 건물만을 가리키지 않습니다. 예수 그리스도를 믿는 한 사람, 한 사람이 교회요 "기도하는 집"입니다. 사람과 사람, 교회와 교회가 만나 한마음으로 기도한다면, 이 땅에 놀라운 일들이 일어나게 될 것입니다.

합심기도는 큰 역사를 일으킨다

제1차 세계대전 당시 영국 전투기들이 독일 공군에 의해 거의 전멸되다시피 했습니다. 독일군의 전략이 적중한 덕분이었는데, 어느 독일 장교가 성경을 읽다가 신명기의 한 구절에서 영감을 얻었다고 합니다.

> 그들의 반석이 그들을 팔지 아니하였고 여호와께서 그들을 내주지 아니하셨더라면 어찌 하나가 천을 쫓으며 둘이 만을 도망하게 하였으리
>
> 요_신 32:30

그는 전투기를 두 대씩 짝지어 생사를 같이하게 했습니다. 그랬더니 정말로 "둘이 만을" 쫓는 일이 일어났습니다. "하나가 천을" 쫓는다면, 둘이 2천을 쫓아야 계산이 맞지 않습니까? 그런데 성경은 "둘이 만을" 쫓아낸다고 말합니다.

실제로, 전투기 한 대가 기관총을 쏘면, 반경 2.4m 안으로 근접하는 적기만이 총탄에 맞는다고 합니다. 그런데 두 대가 편대를 이루어 기관총을 쏘면 어떻게 될까요? 더하기만 한다면야, 적기가 반경 4.8m 이내로 들어와야만 격추할 수 있을 테지만, 놀랍게도 반경 240m 안에 들어오는 비행기들을 모두 추락시켰습니다. 자그마치 100배가 넘습니다.

제2차 세계대전에는 미군도 이 전략을 사용했습니다. 당시 일본 전투기가 미 공군보다 숫자가 많고, 성능이 더 뛰어났지만 일본 전투

기는 전멸되었습니다.

마찬가지로 두 사람이 짝지어 드리는 합심기도는 실로 대단한 능력의 기도입니다. 합심기도로써 사탄과의 영적 전쟁에서 하나님의 놀라운 역사를 경험하게 되기를 바랍니다.

> 두 사람이 한 사람보다 나음은 그들이 수고함으로 좋은 상을 얻을 것임이라 혹시 그들이 넘어지면 하나가 그 동무를 붙들어 일으키려니와 홀로 있어 넘어지고 붙들어 일으킬 자가 없는 자에게는 화가 있으리라 또 두 사람이 함께 누우면 따뜻하거니와 한 사람이면 어찌 따뜻하랴 한 사람이면 패하겠거니와 두 사람이면 맞설 수 있나니 세 겹 줄은 쉽게 끊어지지 아니하느니라_전 4:9-12

19세기는 미국 교회가 부흥하면서 선교의 불이 타오르던 시기였습니다. 미국 선교 역사의 위대한 시발점이 된 기도 운동이 있습니다. 바로 '건초더미 기도회'입니다.

1805년, 윌리엄스대학교의 학생들이 시간을 정해 놓고 대학의 영적 부흥을 위해 기도하는 도중에 갑자기 소나기가 쏟아졌습니다. 다들 비를 피해 건물 안으로 뛰어들어 갔는데, 5명만이 그 자리를 떠나지 않고, 당시 정원에 있던 건초더미 속으로 들어가 기도를 계속했습니다. 바로 그때 성령의 역사가 일어났고, 그 자리에 있던 5명 전원이 선교의 비전을 받았습니다.

그들은 세계 복음화를 위해 기도했고, 이 작은 모임으로부터 19

세기 교회 부흥이 시작되었습니다. 그 후 1886년 여름에 D.L. 무디 (Dwight Lyman Moody)가 인도한 헬몬산 수련회에서 참석자 가운데 100명의 선교 자원자가 나왔고, 이로부터 10만 명의 학생 선교 자원자가 배출되었으며, 2만 500명의 선교사를 파송한 학생자원운동(Student Volunteer Movement, SVM)이 시작되어 세계 선교사에 신기원을 마련했습니다.

서구 교회의 부흥으로 아시아 선교가 활발하게 일어났고, 그 덕분에 우리나라에도 선교사들이 들어와 복음이 전파되었습니다. 1907년 평양 대부흥 운동의 시발점이 된 원산 부흥운동도 1903년 여름 중국에서 사역하다 우리나라를 방문한 미국 남감리회 소속 여 선교사 화이트(M. C. White)와 원산에서 사역하던 캐롤(A. Carroll) 선교사 등 몇 명이 함께했던 사경회에서 시작되었습니다.

이처럼 비록 그 숫자가 적을지라도 합심기도는 큰 기적을 일으킵니다. 작은 기도 모임이 장차 큰 부흥을 일으키는 불씨가 될 수 있음을 기억하시기 바랍니다.

왜 함께 기도하는가

하나님의 말씀에 기초한 기도는 강력합니다. 또한 혼자 드리는 기도가 아니라 짝과 함께 드리는 합심기도는 힘이 있습니다.

'기도하는 엄마들'은 두 명씩 짝지어 서로의 자녀와 학교를 위해 한마음으로 기도합니다. 대개 엄마들이 자기 자녀의 건강, 신앙, 학업, 친구 관계, 진학 등을 위해 기도하면서도 정작 학교와 선생님을 위해서는 기도하지 못하는 경우가 많습니다. 그러나 '기도하는 엄마들'은 자기 자녀뿐 아니라 자녀가 다니는 학교와 선생님들, 나아가 교회와 주일학교와 주일학교 교사를 위해 기도하는 것을 원칙으로 삼고 있습니다.

이때 자녀를 위한 기도는 철저히 일대일이어야 합니다. 즉 자녀 한 명당 기도 짝도 한 명이어야 한다는 뜻입니다. 예를 들어, 자녀가 둘이면 기도 짝 역시 두 명이 되는 겁니다. 그리고 적어도 일주일에 한 번은 만나서 한 시간 이상 기도하는 것이 기본입니다.

'기도하는 엄마들'이 합심기도와 말씀 기도의 원리를 단지 자녀를 위한 기도에만 적용하는 것은 아닙니다. 남편을 위해서 기도하면 '기도하는 아내들'이 될 테고, 선생님이 학생들을 위해 기도하면 '기도하는 교사들'이 되고, 또 연로하신 부모님을 위해 기도하면 '기도하는 자녀들'이 될 것입니다. 이처럼 MIP 기도의 원리를 대상에 따라 다양하게 적용할 수 있습니다.

한국 MIP에서는 최우선으로 다음 세대 아이들에게 이 원리를 적용하였습니다. 자녀들을 세상에 빼앗기지 않으려면 어릴 때부터 신앙훈련이 필수입니다. 말씀과 기도가 결합된 MIP 기도방식이 자녀들 훈련에 좋은 도구가 되리라는 확신을 가지고 시작한 것이 바로 기도하는 아이들(Children In Prayer, CIP), 기도하는 청소년들(Youth In Prayer, YIP)입니다.

아이들에게 말씀 기도와 합심기도의 원리를 가르쳐 둘씩 짝을 지어 서로를 위해 기도하게 합니다. 교재를 사용하여 함께 기도하며 말씀을 읽고 묵상하는 법, 서로를 위해 기도하며 가정과 학교와 교회와 나라를 위한 중보까지 자연스레 하게 되는 훈련입니다.

CIP는 여름방학을 이용한 캠프도 있습니다. 2018년, 2019년 두 번의 캠프를 진행하였는데 전국에서 많은 아이들이 참여하여 말씀 기도를 훈련받았습니다. 아이들이 얼마나 순수하고 열정적인지 모릅니다. 가르쳐 주는 대로 잘 받아들이고 기도도 곧잘 합니다. YIP는 CIP처럼 지역별 세미나를 통해 세워집니다. 청소년들이 말씀으로 기도하면서 그 어렵다는 사춘기를 쉽게 넘어가는 것을 봅니다. CIP, YIP들이 지속적으로 말씀 기도의 자리를 지키며 온전한 예배자로, 강력한 중보기도자로, 성령 충만한 복음 전도자로 자라도록 뒤에서 후원하며 기도하는 것은 우리의 몫입니다. 앞으로 CIP, YIP를 통해 다음세대 안에 경건의 능력을 갖춘 영적 리더십들이 세워져 장차 이루실 하나님의 복음 통일의 역사에 선한 도구로 모두 쓰임 받게 되길 기도해 주십시오.

그러면 기도하는 엄마들은 왜 짝으로 기도합니까?

첫째, 주님이 "두세 사람이 내 이름으로 모인 곳"(마 18:20)에 함께하겠다고 약속하셨기 때문입니다. 홀로 있을 때, 특히 혼자서 어려운 문제에 맞닥뜨려야 할 때, 하나님은 언제나 우리를 떠나지 않으시며 함께하신다는 사실을 일깨워 줄 누군가가 필요한 법입니다.

둘째, 함께 기도하면 자기 어깨에 짊어졌던 짐이 가벼워지기 때문입니다. 특히 엄마들이 한마음으로 간절히 기도할 때, "의인의 간구는 역사하는 힘이 큼이니라"(약 5:16)라고 하신 말씀을 체험하게 됩니다.

셋째, 구하는 것에 관해 기도 짝과의 상호 동의가 있을 때 의심이나 흔들림의 여지가 없기 때문입니다. 죄에 묶인 영혼이나 상한 영혼을 위해 혼자서 자기 생각대로 기도하면 마음의 갈피를 잡지 못해 방황하기도 합니다. 하지만 반드시 들어주시겠다는 약속의 말씀을 붙잡고, 짝과 함께 한마음으로 합심하여 기도하면 흔들림이 없습니다. 나를 괴롭히는 사람이나 죄를 짓고도 그 죄악에서 돌이키기를 거절하는 사람이 있다면, 하나님의 말씀에 기초하여 짝과 합심하여 기도해 보십시오.

넷째, 성령님이 짝지어 기도하는 엄마들에게 동시에 같은 생각을 부어 주시는 것을 경험하게 되기 때문입니다. 이로써 우리가 구하는 것이 응답되리라는 큰 확신을 얻습니다.

> 그를 향하여 우리가 가진 바 담대함이 이것이니 그의 뜻대로 무엇을 구하면 들으심이라 우리가 무엇이든지 구하는 바를 들으시는 줄을 안즉 우리가 그에게 구한 그것을 얻은 줄을 또한 아느니라 요일 5:14-15

혼자 기도할 때는 과연 이것이 하나님의 뜻에 맞는지 아닌지를 분별하기가 쉽지 않습니다. 그런데 짝과 함께 기도하다 보면, 성령님이 각 사람에게 동시에 같은 생각을 주실 때가 있습니다. 그 순간에 '아, 이것이 하나님의 뜻이 맞구나!'라는 강한 확신이 우리 안에 생기게 됩니다. 그 확신이 기도하는 엄마들을 더욱 담대하게 만들고, 더욱더 믿음으로 기도하게 합니다. 그러므로 합심기도는 반드시 응답되리라는 확신을 주는 능력의 기도입니다.

다섯째, 다른 엄마들과 함께 기도하면 할수록, 서로를 더 많이 신뢰하게 되고, 더욱 솔직하게 나눌 수 있게 되기 때문입니다. 기도하는 엄마들은 만날 때마다 서로 지지하며 세워 주는 데 익숙합니다.

> 그러므로 피차 권면하고 서로 덕을 세우기를 너희가 하는 것같이 하라
> _살전 5:11

매주 기도 짝과 만나 한 시간 이상 함께 기도하다 보면, 누구보다도 친밀해질 수밖에 없습니다. 친밀해지는 만큼 서로를 신뢰하는 마음도 깊어지게 마련입니다. 신뢰가 쌓여 감에 따라 자녀 문제뿐 아니라 다른 여러 문제에 관해서도 나누게 되고, 심지어 가장 먼저 기도를 청하는 사이가 됩니다. 세상에 둘도 없는 동역자 관계가 되는 것입니다.

삶의 문제로 힘들거나 지칠 때, 혹은 낙심할 때에 격려하고 위로해 주는 기도 짝이 있으니 얼마든지 다시 일어날 수 있습니다. 서로에게 힘이 되어 주니 어려움도 쉽게 넘어가는 것을 경험하게 됩니다.

여섯째, 둘이 합심하여 기도함으로써 쉽게 깨어지지 않는 군대를 이룰 수 있습니다. 마귀와 싸워 이기려는 마음이 하나이므로 마귀의 공격에 힘 있게 맞설 수 있습니다.

아무것도 할 수 없는 무기력한 상황이나 도무지 해결되지 않을 것 같은 문제 상황도 알고 보면 나만의 생각에 불과할 수 있습니다. 전

지전능하신 하나님께 불가능이란 없습니다. 하나님이 우리의 모든 형편과 사정을 아십니다.

무엇보다도 하나님은 우리의 작은 신음 소리까지도 들으시는 좋은 아버지이십니다. 어떤 기도를 시작하든 먼저 하나님의 도우심을 구하십시오. 우리 마음을 잘 아시는 하나님이 도와주실 것입니다.

기도하는 엄마들이 평생 함께할 기도의 동역자들을 만들어 가는 모습을 보는 것은 참 보람된 일입니다. 서로 일으켜 주고, 안아 주고, 끌어 주고, 밀어주면서 함께 가는 믿음의 동역자를 만나기가 어디 쉽던가요! 힘든 인생길에서 이런 기도 친구가 있다면 그 인생은 복된 인생이라 할 것입니다.

대화식 기도로 깊이 있게 나아가라

MIP 기도에서 합심기도는 '대화식 합심기도'입니다. 일반적으로, 우리는 대화를 통해 상대방에 관해 알아 갑니다. 대화를 통해 상대방에 관한 기본 정보를 습득할 수 있고, 그의 기질이나 성격을 파악할 수 있을 뿐만 아니라 그 순간의 감정을 헤아릴 수 있습니다. 그가 신앙인이라면, 신앙생활을 어떻게 하고 있는지도 알 수 있습니다.

이와 마찬가지로 우리는 대화식 기도를 통해 서로에 관해 더 깊이 알아 가고, 아는 만큼 더욱 간절히 기도하게 됩니다. 그런 의미에서 대화식 기도는 서로의 관계를 더욱더 돈독하게 만들어 줍니다.

대화할 때는 상대의 말을 잘 듣고, 그 말에 적절하게 반응해야 합니다. 때로는 상대방의 말이 다소 길게 느껴져도 인내하면서 잘 들어 주는 것이 필요합니다. 대화하다 보면, 상대방의 말을 흘려버릴 때가 많습니다. 상대의 말이 끝나기가 무섭게 자기 얘기만 합니다. 때로는 지금껏 그가 한 이야기와는 전혀 다른 방향의 엉뚱한 소리를 하기도 합니다. 왜냐면 상대방의 말을 전혀 듣지 않았기 때문입니다. 그런 사람과 대화하기는 힘듭니다. 혼자서만 말한다면 대화가 아닙니다.

대화식 기도는 서로 주고받는 것입니다. 그러므로 대화식 기도의 필수 요소는 경청입니다. 상대방의 말을 잘 듣는 것이 매우 중요합니다. 짝과 기도할 때, 상대방의 기도를 잘 들어야만 엉뚱한 기도를 하지 않을 수 있습니다.

대화식 기도를 하려면, 경청에 이어 서로 동의하는 법을 익혀야 합니다. 무엇보다도 하나님의 말씀에 전적으로 동의하는 훈련을 해야 합니다. 그럴 때 일점일획도 땅에 떨어뜨리지 않고 반드시 이루시는 하나님 말씀의 능력을 경험하게 됩니다. 짝의 기도를 경청하고, 서로의 기도에 동의하며 주거니 받거니 하다 보면 두 사람의 기도 제목이 자연스럽게 연결되고, 반복되고, 확장되는 것을 알 수 있습니다. 갈수록 기도가 깊어집니다. 이처럼 주의 깊게 듣고, 그의 기도에 동의하며 한마음으로 기도해야 온전한 합심기도라고 할 수 있습니다.

기도하는 엄마들이 공통적으로 고백하는 내용이 있습니다. MIP 기도를 배워서 짝과 대화식으로 기도하다 보니 자녀나 남편과의 소통이 이전보다 훨씬 더 좋아졌다는 것입니다. 대화식 기도를 통해 익힌 경청 훈련 덕분에 가족의 말에 귀를 기울이게 되었는데, 그들의 마음속 소리가 더 잘 들린다고 고백합니다.

사랑하면 이해된다는 말이 있습니다. 내 자녀가 도무지 이해 안 되는 것은 어쩌면 사랑이 부족해서인지도 모릅니다. 이해와 용납은 사랑에 정비례하기 때문입니다. 우리가 자녀를 사랑한다고는 하지만, 얼마나 사랑할 수 있겠습니까? 내 배 아파 낳은 자녀라도 그 속을 다 알 수는 없습니다. 자녀의 생각과 감정의 변화를, 그 깊은 내면의 상태를 다 알 길이 없습니다.

그러나 하나님이 모든 것을 아십니다. 게다가 우리 자녀를 우리보다 더 사랑하십니다. 기도 짝과 함께 기도함으로써 성령님이 부어 주시는 하나님의 사랑으로 자녀를 있는 힘껏 사랑해 주십시오.

엄마의 기도는 사랑의 KISS

예배 때 대표 기도를 들어보면, 기도 맡은 사람에 따라 반복하여 사용하는 관용구가 있기 마련입니다. 많은 수식어를 사용하여 길게 기도하는 경우가 있습니다. 미사여구를 많이 사용하여 오래 기도하는 것이 꼭 좋은 기도만은 아닐 것입니다.

일단 수식어가 많으면, 끝까지 신경 써서 들어야 합니다. 게다가 어쩌다 한두 번 쓰면 모를까, 문장마다 수식어를 사용한다면 듣는 사람이 피곤해질 수밖에 없습니다. 피곤해지면 집중력이 떨어지고, 집중력이 떨어지면 딴생각에 빠지기가 쉽습니다.

글을 잘 쓰는 작가들의 책을 읽어 보면 대개 짧고 명료한 표현으로 쓰인 것을 볼 수 있습니다. 좋은 연설문은 군더더기 없이 깔끔하면서도 그 표현이 명확합니다. 짧고 명확하게 표현해야 글의 주제가 정확하게 전달되기 때문입니다.

합심기도는 대화하듯 하는 기도인 만큼 되도록 짧고 간단하면서도 명확한 문장으로 기도하는 것이 좋습니다. 그런데 대부분 길게 기도하는 데 익숙해져서인지 오히려 짧게 기도하는 게 더 힘들다고 말하는 사람이 많습니다.

그러나 짧고 분명하게 기도해야 산만해지지 않고, 짝의 기도 내용을 서로 분명하게 인지할 수 있습니다. 기도하는 사람도, 기도를 듣는 사람도 지금 무엇을 위해 기도하고 있는지를 정확히 알아야 하기 때문입니다.

그러므로 "짧고 간단하면서도 명확하게"가 MIP 기도의 기본 원리인 셈입니다. 이것은 영어로는 "Keep It Short, Simple & Specific"이라고 하는데, 단어의 첫 글자들을 따서 간단히 KISS 원리라고 부릅니다.

KISS 원리는 여럿이 드리는 합심기도뿐 아니라 혼자 드리는 기도나 새 신자, 어린아이들의 기도에 적용해도 매우 효과적입니다. 짧고 간단하기 때문에 적용하기가 쉽습니다.

예를 들어 보겠습니다.

"하나님은 나의 왕이시며 나의 모든 것 되시니, 저부터 먼저 하나님의 나라와 의를 구하는 삶을 살게 도와주시고 하나님이 나를 부르신 목적대로 기쁘게 순종하며 사명을 감당해 나가게 해 주옵소서."

길지만 한 문장으로 쓰인 위의 기도문을 KISS 원리에 따라 다시 써 보겠습니다.

"하나님은 나의 왕이십니다. 하나님은 나의 모든 것 되십니다. 저부터 먼저 하나님의 나라와 의를 구하는 삶을 살게 도와주옵소서. 하나님이 나를 부르신 목적대로 기쁘게 순종하며 사명을 감당해 나가게 해 주옵소서."

네 문장으로 짧게 나누어 기도하니 주제가 더욱 명확해지고, 두 사람이 주거니 받거니 기도하기가 훨씬 더 좋아졌습니다. 이것이 바로 단문의 힘입니다. 그러니 혼자서 기도할 때도 "짧고 간단하면서도 명확하게" 기도해 보십시오. 기도할수록 힘이 나는 것을 느낄 것입니다.

하나님은 우리가 구하기도 전에 우리에게 있어야 할 바를 이미 다 아시는 분입니다. 그런데 어떤 사람은 마치 상사에게 보고하듯 하나님께 조목조목 아뢰는 기도를 드립니다. 또 어떤 사람은 두 사람이 짝지어 기도할 때 자신의 형편을 제대로 알리려는 마음에 구구절절이 설명하듯 기도하곤 합니다. 그러나 하나님께 일일이 설명하는 습관이나 기도 짝에게 미주알고주알 다 설명해 주려는 욕심을 내려놓으십시오.

우리가 누구를 향해 기도합니까? 하나님입니다. 짝 기도를 할 때도 마찬가지입니다. 짝에게 기도하는 것이 아니라 하나님께 기도한다는 사실을 잊지 마십시오. 짝에게 아무리 자세히 설명해 준들 그가 내 모든 형편과 문제를 완전히 이해할 수 있을까요? 그렇지 않습니다.

> 이와 같이 성령도 우리의 연약함을 도우시나니 우리는 마땅히 기도할 바를 알지 못하나 오직 성령이 말할 수 없는 탄식으로 우리를 위하여 친히 간구하시느니라 _롬 8:26

우리는 성령의 도우심을 믿고 기도해야 합니다. 장황하게 설명하지 않아도, 말할 수 없는 탄식으로 우리를 위해 간구하시는 성령님이 '기도하는 엄마들'의 마음을 하나로 이어 주시고, 한마음으로 서로의 자녀를 위해 기도하게 하십니다. 그 덕분에 '기도하는 엄마들'은 자기 자녀만이 아니라 짝의 자녀도 품에 안고 기도할 수 있게 됩니다.

4단계 기도

MIP 기도는 하나님의 말씀에 기초하여 두 사람이 짝지어 한마음으로 대화하듯 드리는 기도입니다. 짝을 이룬 두 사람은 '동의'라는 형식을 통해 한마음이 됩니다. 기도할 때나 말씀을 읽을 때도 항상 "아멘!" 하고 동의하는 습관을 가져 보세요. 말씀에 동의함으로써 하나님께 힘을 얻듯이, 짝의 기도에 동의함으로써 그의 기도를 지지할 힘을 얻습니다. 또한 짝이 내 기도에 동의해 줄 때마다 힘이 솟고 기쁨이 넘칩니다.

그러나 짝의 반응에 너무 민감하지 않도록 주의하는 것이 좋습니다. 짝의 동의를 구하기 위해 기도하는 것이 아니라는 뜻입니다. 우리 기도를 들으시는 분은 하나님이심을 잊지 마십시오. 성령의 인도하심에 따라 솔직하게 기도하면 됩니다.

KISS 원리를 따르되 주제별로 기도하는 것이 좋습니다. 한 가지 주제를 놓고 충분히 기도한 후에 다음 주제로 자연스럽게 넘어가기를 추천합니다. 한 번, 두 번, 세 번 충분하다고 여겨질 때까지 얼마든지 주거니 받거니 기도할 수 있습니다. 때로는 성령님이 계속해서 같은 주제를 반복하여 기도하도록 이끄실 때가 있습니다. 그럴 때는 성령의 인도하심을 따르는 것이 좋습니다. 그러나 기계적으로 반복하여 기도하는 것과 주제별로 충분히 기도하는 것은 다릅니다. 하나는 중언부언하는 것이고, 다른 하나는 이루어질 때까지 힘을 더하는 것이기 때문입니다.

짝과 주거니 받거니 하며 대화식으로 기도하다 보면, 예기치 않게 도전을 받는 경우가 있습니다. 예를 들어, 나는 별 관심 없이 지나쳤던 부분을 짝이 열심히 기도하는 것을 듣고, 새로운 도전을 받는 것입니다. 내가 주로 자녀의 영적인 부분을 위해 기도하는 반면에 짝은 정서적인 부분을 위해서 기도할 수도 있습니다. 사람마다 중요하게 여기는 부분이 다르므로 기도의 초점이 서로 다를 수밖에 없습니다.

혼자서 기도하다 보면 자신만의 기도 테두리를 벗어나지 못한 채 반복하는 경우가 많은데, 서로의 기도를 들으면서 기도의 지경을 넓혀 나갈 수 있으니 얼마나 감사합니까! 실제로, 한 엄마는 늘 자기 자녀가 좋은 대학에 들어가서 어엿한 직업을 가지고 행복하게 살게 해 달라고만 기도했는데, 기도 짝이 드리는 기도를 들으면서 기도가 달라졌다고 고백했습니다. "우리 아이도 하나님 나라를 위해 크게 쓰임 받게 해 주옵소서" 하고 기도하기 시작한 것입니다.

짝과 함께 기도하면서, 개인적인 관심사에 머물렀던 기도가 점차 전 영역을 아우르는 기도로 발전해 나가는 것을 경험한 어떤 엄마는 MIP 기도를 가리켜 '편향적이지 않은 전방위적 기도'라고 했습니다. 그만큼 짝과 더불어 기도하면 할수록 기도의 지경이 넓어지고, 그 깊이가 더해지며, 그 힘이 더욱 강력해지는 것을 느낍니다. 대화식 기도의 묘미가 바로 여기에 있습니다.

MIP 기도에도 일정한 형식이 있습니다. '찬양, 고백, 감사, 중보'라는 기승전결 4단계에 따라 기도합니다. 신앙인이라면 이미 익숙한 순서일 것입니다. 그런데 실제로 우리 기도를 들여다보면 간구하는 내용이 많습니다.

"하나님을 찬양합니다. 하나님께 감사합니다. 우리 죄를 용서해 주옵소서" 하고 기도하긴 하지만, "주여, 도와주시옵소서"인 경우가 대부분입니다. 특히 찬양과 감사는 대개 보잘것없을 정도로 미미하고, 죄 고백은 상투적이거나 형식적인 수준에 그치는 경우가 많습니다.

그러나 일주일에 적어도 한 번 이상 기도 짝과 만나서 자녀 한 명을 위해 한 시간 동안 기도하는 것을 원칙으로 삼은 '기도하는 엄마들'은 기도의 고질적인 불균형을 해소하고, 균형 잡힌 기도를 드리기 위해 4단계를 따라 체계적으로 기도합니다.

짝과 함께 기도하는 1시간 중에 찬양과 고백과 감사에 20분 이상을 할애하고 나머지를 중보하는 데 사용합니다. 즉 MIP 기도의 30% 이상은 찬양과 고백과 감사로 채워짐을 알 수 있습니다. 평소 우리 기도에 너무나 부족했던 부분이 MIP 기도 방식을 통해 좀 더 풍성해지기를 바랍니다. 다음 장에서는 기도하는 엄마들의 4단계 기도를 소개하고자 합니다.

PART 3.
자녀를 향한 엄마의 기도 실전

1. 찬양

MIP 기도의 1단계는 찬양입니다. '찬양'이란 무엇일까요? 찬양의 사전적 의미는 '아름답고 훌륭함을 크게 기리고 드러내는 것'입니다. 찬양이라고 하면, 우리는 제일 먼저 하나님을 떠올리곤 하지만, 사실 찬양의 대상은 다양합니다. 어떤 대상의 아름다움을 기리려면, 그 대상에 관해 잘 알아야 합니다.

그런 의미에서 올바른 기도는 하나님을 아는 것에서부터 시작된다고 할 수 있습니다. 하나님을 알려면, 우선 자신이 처한 상황이나 조건에서 눈을 들어 하나님을 바라봐야 합니다. 하나님을 향한 관심과 앎에서 비롯된 신뢰가 있어야만 하나님을 올바로 찬양할 수 있습니다. 찬양은 하나님이 어떤 분이신가를 선포하는 것이기 때문입니다.

우리는 다양한 방식으로 하나님을 찬양할 수 있습니다. 손뼉을 치며 노래를 부르거나 악기를 연주하거나 시를 낭송할 수도 있습니다. 그중에서도 가장 일반적으로 쓰이는 방식은 바로 노래입니다. 아름다운 찬송가를 부르는 동안 우리 마음이 정화되고, 근심과 걱정의 무게로 내려앉았던 가슴이 홀가분해지는 경험을 해 봤을 것입니다. 그러나 억눌렸던 심령이 자유케 되는 것은 찬양이 주는 부수적인 유익에 불과합니다. 우리 시선이 염려와 걱정에서 돌이켜 하나님께로 향할 때, 하나님이 주시는 평강이 우리에게 임한 덕분입니다. 찬양은 오로지 하나님을 향합니다.

찬양에 관한 여섯 가지 정의

기도하는 엄마들은 말씀으로 하나님이 어떤 분이신지를 묵상하고, 하나님의 성품을 찬양합니다. 예를 들어 보겠습니다.

> 주 나의 하나님이여 내가 전심으로 주를 찬송하고 영원토록 주의 이름에 영광을 돌리오리니_시 86:12

이 말씀에서 찬양의 대상은 "주 나의 하나님"임을 알 수 있습니다. 하나님을 부를 때, 그냥 "하나님"으로 부르는 것과 "나의 하나님"으로 부르는 것에는 큰 차이가 있습니다. 전자가 일반 명사라면 후자는 고유 명사라고 할 수 있는데, 하나님을 "나의 하나님"으로 부름으로써 시편 기자 자신이 하나님과 연결되어 있음을 분명히 고백하고 있기 때문입니다. 게다가 "나의 하나님" 앞에 "주"를 붙임으로써 '하나님은 나의 주인'이심을 명확히 밝힙니다.

또 시편 기자는 하나님을 어떻게 찬양하고 있습니까? "전심으로 주를 찬송"한다고 말합니다. 한마디로 온 마음을 다해 주를 찬송한다는 뜻입니다. 그런데 그는 어떤 찬양을 드립니까? "주의 이름에 영광을" 돌립니다. 그는 "영원토록" 찬양하겠다고 말합니다. 즉 시편 기자는 이 한 구절에서 찬양의 대상과 내용, 그 방법과 때까지 아주 잘 요약하여 우리에게 알려 주고 있습니다.

말씀을 묵상할 때에는 이처럼 말씀을 자세히 들여다보는 것이 중요합니다. 자칫 지나칠 수 있는 부분도 자세히 들여다보면, 깊은 의미를 깨닫게 되기 때문입니다.

찬양은 무엇인가요?

첫째, 찬양은 하나님에 관한 사실을 진술하는 것입니다. 즉 하나님을 표현하는 여러 성경 구절들을 바탕으로 있는 그대로 진술하는 것이 찬양이라는 뜻입니다.

> 하나님이 모세에게 이르시되 나는 스스로 있는 자이니라 또 이르시되 너는 이스라엘 자손에게 이같이 이르기를 스스로 있는 자가 나를 너희에게 보내셨다 하라 _출 3:14

모세는 아기 때 애굽 공주에게 입양되어 왕궁에서 자랐지만, 애굽 사람이 히브리 사람을 때리는 것을 보고 그를 쳐서 죽이고는 미디안

광야로 도망쳤습니다(참조, 출 2장). 거기서 양을 치는 목동이 되어 40년을 지낸 모세는 어느덧 80세가 되었습니다. 어느 날 호렙산에 올랐다가 불타는 떨기나무를 발견한 그는 불꽃 가운데서 말씀하시는 하나님을 만났습니다.

그때 하나님이 그에게 "가서 내 백성 이스라엘 자손을 애굽에서 인도하여 내라"는 놀라운 명령을 내리셨습니다. 당황한 모세가 "만약 백성들이 내게 하나님의 이름을 물으면 무엇이라 대답할까요?" 하고 묻자 하나님이 "나는 스스로 있는 자"라는 유명한 대답을 해 주셨습니다(참조, 출 3장).

이 구절에서 우리는 하나님에 관한 어떤 것을 알 수 있습니까? 우선 하나님은 "스스로 있는 자"이시니 누군가에 의해 만들어진 피조물이 아니심을 알 수 있습니다. 또한 하나님은 '말씀하시는 분'입니다. 주님은 친히 우리를 찾아와 말씀하시고, 우리 기도에 응답해 주십니다. 그리고 하나님은 '보내시는 분'입니다. 임의로 누군가를 보내기도 하시고, 누군가에게로 이끌어 주시기도 합니다.

이처럼 하나님은 성경을 통해 우리에게 자신에 관한 사실들을 상세히 알려 주십니다. 하나님에 관해 더 알고 싶다면, 성경을 읽으면 됩니다. 하나님에 관해 쓰인 구절들을 찾아 읽고 묵상함으로써 하나님이 어떤 분이신지를 더욱 알아 갈 수 있습니다. 그 알게 된 바를 그대로 진술하는 것이 바로 찬양입니다.

둘째, 찬양은 하나님의 하나님 되심을 인하여 그분을 높여 드리는 것입니다. 다윗은 하나님의 하나님 되심을 이렇게 고백합니다.

> 여호와여 위대하심과 권능과 영광과 승리와 위엄이 다 주께 속하였사
> 오니 천지에 있는 것이 다 주의 것이로소이다 _대상 29:11a

위대하심, 권능, 영광, 승리, 위엄 등 하나님의 하나님 되심, 곧 성품을 묘사하는 표현은 많습니다. 우리는 하나님의 성품을 하나하나 찬양할 수 있습니다. 예를 들어, 다음과 같이 주님을 높일 수 있습니다.

"위대하신 하나님을 찬양합니다!"

"권능의 하나님, 권세와 능력이 주께 있습니다."

"승리는 주께 속하였으니 우리에게 승리를 주시는 하나님을 찬양합니다!"

"위엄하신 하나님, 두렵고 떨리는 마음으로 주를 찬양하나이다."

셋째, 찬양은 지극히 높으신 하나님을 그에 합당한 자리에 모시는 것입니다. 하나님을 그냥 높으신 분이 아니라 "지극히 높으신"(창 14:19) 분으로 아는 것이 중요합니다. 지극히 높으신 하나님이 계실 곳은 어디입니까? 세상에서 가장 높은 하늘 보좌입니다. 그와 동시에 우리 마음의 중심 보좌에도 주님이 좌정해 주셔야 합니다. 지극히 높으신 분이 우리 마음의 보좌에 앉으신다는 것은 주님이 친히 우리 주인이 되어 주신다는 뜻입니다. 우리는 주님이 이끄시는 대로 따라가기만 하면 됩니다.

매 순간 주님을 합당한 자리에 모시는 것이 곧 찬양입니다. 매일의 삶에 찬양이 필요한 이유입니다. 시선을 하나님께 고정하고, 찬양받기에 합당하신 하나님을 날마다 높여 드리십시오.

넷째, 찬양은 하나님의 성품과 능력을 인식하여 선포하고, 선언하며 증거하는 것입니다. 우리는 말씀을 통해 하나님의 성품과 능력을 알아 갑니다. 아무리 좋은 말씀도 깨닫지 못하면 소용없습니다. 그러므로 말씀을 대할 때마다 이렇게 기도해야 합니다.

"하나님, 제게 지혜를 주셔서 이 말씀의 참된 의미를 깨달을 수 있도록 도와주세요."

처음에는 하나님이 누구신지 잘 모르지만, 신앙의 연수가 늘어 가면서 주님의 성품과 능력을 점점 더 알게 되고, 그에 따라 하나님에 관한 지식, 즉 깨달음도 깊어집니다. 그 깨달은 바를 선포하고, 선언하며 증거하는 것이 바로 찬양입니다.

하나님에 대한 인식이 깊어질수록 선포와 선언과 증거도 더욱 강력해집니다. 말에는 영향력이 있습니다. 부정적이든 긍정적이든 효력이 나타나기 마련입니다. 그러므로 선포에 능력이 있습니다.

다섯째, 찬양은 영적 예배입니다. '예배'라 하면 교회에서 목사님이 순서에 따라 진행하는 의식을 떠올릴 것입니다. 그러나 꼭 그것만이 예배는 아닙니다. 우리 마음을 드리는 것이 바로 예배입니다. 하나님을 묵상하고 그분의 이름과 능력을 찬양하는 것이 예배입니다.

사는 형편이 어떠하든지 상관없이 우리에게는 찬양을 계속해야 할 이유가 있습니다. 다른 모든 행위는 우리가 죽으면 끝이 나지만, 찬양은 그렇지 않기 때문입니다. 천국에 가서 영원토록 해야 할 일이 찬양입니다. 매일 하나님을 높이고, 매 순간 영으로 예배하는 삶을 살기를 바랍니다.

마지막으로 여섯째, 찬양은 하나님이 어떤 분이신가에 초점을 맞추는 것입니다. 우리는 하나님이 나를 위해 무엇을 해 주실까에 더 큰 관심을 두는 경향이 있습니다. 그러나 하나님이 누구신지도 모르고, 어떠한 사랑으로 나를 사랑하시는지도 모른 채 하나님께 청하기만 한다면, 얼마나 어리석은 일이겠습니까.

> 오라 우리가 여호와께로 돌아가자 여호와께서 우리를 찢으셨으나 도로 낫게 하실 것이요 우리를 치셨으나 싸매어 주실 것임이라 여호와께서 이틀 후에 우리를 살리시며 셋째 날에 우리를 일으키시리니 우리가 그의 앞에서 살리라 그러므로 우리가 여호와를 알자 힘써 여호와를 알자 그의 나타나심은 새벽빛같이 어김없나니 비와 같이, 땅을 적시는 늦은 비와 같이 우리에게 임하시리라 하니라_호 6:1-3

호세아 선지자는 "여호와를 알자 힘써 여호와를 알자"고 강조합니다. 세상은 우리를 가만히 내버려두질 않습니다. 단단히 마음먹지 않으면 중요한 일, 곧 하나님을 제대로 알아 가는 일을 놓치기 쉽습니다. 그러므로 따로 시간을 내어 하나님의 말씀을 읽고, 곰곰이 묵상할 필요가 있습니다. 하나님이 누구신지를 알아 가는 것이 찬양의 시작입니다.

남편 잭 아더(Jack Arthur) 목사와 함께 세계적인 말씀 전문 사역 기관 프리셉트 선교회(Precept Ministries)를 공동 설립하고 탁월한 귀납적 성경 연구 교재인 프리셉트 시리즈를 집필한 케이 아더(Kay Arthur)는 이렇게 말했습니다.

"하나님의 성품을 알고 믿는 만큼 하나님을 신뢰하게 되고, 그 결과로 순종할 수 있게 된다."

하나님을 아는 것은 곧 우리 믿음과 연결됩니다. 아는 만큼 믿고, 믿는 만큼 순종하게 되어 있습니다. 하나님을 아는 자가 기도합니다. 하나님이 누구신가를 알면 알수록 우리 기도는 더욱 강력해질 것입니다.

왜 찬양해야 하는가

우리가 하나님을 찬양해야만 하는 이유는 무엇입니까? 첫째, 하나님은 찬양받으시기에 합당하신 분이기 때문입니다.

> 내가 찬송 받으실 여호와께 아뢰리니 내 원수들에게서 구원을 얻으리로다_시 18:3

> 여호와는 위대하시니 극진히 찬양할 것이요 모든 신보다 경외할 것임이여_대상 16:25

하나님은 "원수들에게서" 우리를 구원하신 분이시기에 찬송받기에 합당하십니다. 또한 모든 신보다 위대하신 하나님을 찬양하되 극진히 찬양해야 합니다.

할렐루야 그의 성소에서 하나님을 찬양하며 그의 권능의 궁창에서 그를 찬양할지어다 그의 능하신 행동을 찬양하며 그의 지극히 위대하심을 따라 찬양할지어다 나팔 소리로 찬양하며 비파와 수금으로 찬양할지어다 소고 치며 춤추어 찬양하며 현악과 통소로 찬양할지어다 큰 소리 나는 제금으로 찬양하며 높은 소리 나는 제금으로 찬양할지어다 _시 150:1-6

특히 시편 150편을 보면, 하나님은 우리에게 "제발 나를 찬양해 줄래?" 요청하지 않으시고 "찬양할지어다" 명령하십니다. 왜 명령하실까요? 우리 찬양이 하나님께 필요하기 때문이 아니라 하나님을 찬양하는 것이 우리에게 필요하기 때문입니다.

둘째, 찬양은 피조물의 합당한 반응이기 때문입니다.

이 백성은 내가 나를 위하여 지었나니 나를 찬송하게 하려 함이니라 _사 43:21

피조물의 존재 목적은 창조주의 뜻에 달려 있고, 우리는 하나님을 찬양하도록 지음받았습니다. 그러므로 찬양은 해도 되고 안 해도 되는 것이 아닙니다. 살다 보면 전혀 찬양할 수 없는 상황에 처할 수도 있습니다. 그럴지라도 우리가 여전히 하나님을 찬양한다면 그것이야말로 가장 가치 있는 삶이라 하겠습니다. 창조 목적을 따르는 삶이기 때문입니다.

사도행전 16장에 바울과 실라가 빌립보 감옥에 갇히는 장면이 나옵니다. 그들은 복음을 전하다가 매를 맞고 옥에 갇혔습니다. 당시 옥은 깊은 바위굴 속 같은 깜깜하고 습기 찬 곳이었습니다. 발에는 차꼬가 든든히 채워졌습니다. 그런 상황에서 찬양하기가 쉽겠습니까? 그런데 바울과 실라는 찬양했습니다. 그때 큰 지진이 나서 옥 터가 움직이고 문이 다 열리며 모든 사람의 매인 것이 벗어졌습니다(행 16:25-26).

찬양할 때 능력이 나타납니다. 찬양으로 분위기가 전환되고 영적 판도가 바뀝니다.

찬양은 성도가 가지는 강력한 힘이요 무기입니다. 인생은 고난과 어려움의 연속입니다. 파도 하나를 넘으면 또 하나가 다가옵니다. 그럴 때 찬양하기가 결코 쉽지 않습니다. 하지만 어려운 고비를 만날 때에 계속 찬양하며 나아가는 자는 승리할 줄 믿습니다. 어려우면 찬양합시다. 힘들수록 더 찬양합시다. 그것이 우리가 지음받은 이유고, 살아가는 목적입니다.

셋째, 찬양은 하나님을 높여 드리고, 주님께 영광을 돌리는 것이기 때문입니다. 즉 우리가 찬양할 때 하나님이 영광을 받으신다는 뜻입니다.

> 하나님이여 주는 하늘 위에 높이 들리시며 주의 영광이 온 세계 위에 높아지기를 원하나이다 _시 57:11

시편 기자는 우리의 찬양 대상은 하나님이요, 찬양의 주제 또한 하나님임을 분명히 말해 줍니다.

넷째, 찬양은 하나님의 임재를 인식하게 해 주기 때문입니다.

우리가 신앙생활을 하다 보면 하나님의 부재를 경험하는 경우가 있습니다. 기도해도 응답이 없고, 하나님이 나에게는 관심도 없으신 것 같으며, 잊으신 건 아닌지 하는 의심이 들 때가 있습니다. 하지만 하나님은 임마누엘 하나님이십니다(마 1:23, 28:18-20). 우리와 항상 함께 계시며 한 순간도 우리를 떠나지 않으십니다. 우리의 감정과 실제는 다릅니다. 단지 우리가 하나님의 부재를 느낄 뿐입니다. 만약 하나님의 부재를 느낀다면 어떻게 해야 할까요?

이스라엘의 찬송 중에 거하시는 주여 주는 거룩하시니이다_시 22:3

하나님은 우리의 찬송 중에 거하십니다. 그러므로 우리는 찬양 속에서 하나님의 임재를 경험하게 됩니다. 찬양은 하나님과의 관계를 회복하는 데 필요한 요소 중 하나입니다. 죄로 인해 깨어진 하나님과의 관계 회복은 예수 그리스도의 보혈로 이루어지지만, 회복된 관계를 유지하고 발전시키는 일에는 찬양이 필요합니다. 왜냐하면 하나님은 찬송의 주인이시기 때문입니다. 만일 하나님의 부재를 느낀다면 지금 찬양을 시작하십시오.

다섯째, 찬양은 우리 눈을 전쟁으로부터 들어 승리자이신 예수 그리스도께로 향하게 하기 때문입니다. 즉 눈을 들어 하늘을 바라보게 합니다. 여기서 '전쟁'이란 우리 눈앞에 펼쳐지는 참담한 현실, 고난,

고통, 자녀 문제 등 여러 문제를 가리킵니다. 만약 눈앞에서 벌어지는 일만 바라본다면 어떻게 될까요? 낙심되고 힘들 것입니다. 사탄은 우리로 하여금 상황을 바라보며 두려움에 떨게 함으로써 넘어뜨리려고 합니다. 두려움에 휩싸이면 무슨 일이든 망치기 쉽습니다. 의심과 불안에 내려지는 처방은 말씀밖에 없습니다. 말씀 안에서 하나님을 찾고 찬양해야 합니다. 찬양에 능력이 있습니다. 찬양은 우리를 두려움에서 벗어나게 해 주며, 주님을 바라보게 하는 힘이 있습니다. 주님을 바라보기 시작하면, 주님이 일하십니다.

여섯째, 찬양은 사탄을 물리치는 강력한 힘이 있습니다. 사탄과의 영적 전쟁에서 찬양은 강력한 무기입니다.

남 유다 왕 여호사밧 시절에 "모압 자손과 암몬 자손들이 마온 사람들과 함께" 바닷가 모래알같이 많은 사람들을 모아 유다를 치러 왔습니다. 이 소식을 들은 여호사밧은 겁에 질려 온 백성에게 금식하며 하나님께 기도할 것을 명했습니다(대하 20:1-3).

여호사밧이 처음에는 자신을 둘러싼 주변 상황을 돌아보며 두려움에 떨었지만, 곧 눈을 들어 하나님을 바라보기 시작했습니다. 그러자 하나님이 "야하시엘"이라는 레위인을 통해 이렇게 말씀하셨습니다.

> 온 유다와 예루살렘 주민과 여호사밧왕이여 들을지어다 여호와께서 이같이 너희에게 말씀하시기를 너희는 이 큰 무리로 말미암아 두려워하거나 놀라지 말라 이 전쟁은 너희에게 속한 것이 아니요 하나님께 속한 것이니라 내일 너희는 그들에게로 내려가라 그들이 시스 고개로

올라올 때에 너희가 골짜기 어귀 여루엘 들 앞에서 그들을 만나려니와 이 전쟁에는 너희가 싸울 것이 없나니 대열을 이루고 서서 너희와 함께한 여호와가 구원하는 것을 보라 유다와 예루살렘아 너희는 두려워하지 말며 놀라지 말고 내일 그들을 맞서 나가라 여호와가 너희와 함께하리라 하셨느니라_대하 20:15-17

하나님은 여호사밧과 이스라엘 백성에게 "두려워하거나 놀라지 말라"고 말씀하십니다. 전쟁은 하나님께 속한 것이기 때문입니다. 그렇다면 우리가 할 일은 무엇입니까? 하나님을 찬양하기만 하면 됩니다.

하나님께 응답을 받은 여호사밧은 "백성과 더불어 의논하고 노래하는 자들을 택하여 거룩한 예복을 입히고 군대 앞에서 행진하며 여호와를 찬송하여 이르기를 여호와께 감사하세 그의 인자하심이 영원하도다"(대하 20:21) 하게 하였습니다.

전쟁 중에 행진하는데 "거룩한 예복"을 입은 "노래하는 자들"을 무기를 든 군대 앞에 세운다는 것이 말이 됩니까? 상식 밖의 행동입니다. 그러나 여호사밧은 믿음으로 그 일을 했습니다. 이것이 여호사밧의 믿음입니다. 하나님이 어떤 분이신지를 알고 믿었던 그는 찬양의 위력 또한 알았고, 찬양의 능력을 믿었습니다.

그러자 어떤 일이 벌어졌습니까?

그 노래와 찬송이 시작될 때에 여호와께서 복병을 두어 유다를 치러 온 암몬 자손과 모압과 세일산 주민들을 치게 하시므로 그들이 패하였으니 곧 암몬과 모압 자손이 일어나 세일산 주민들을 쳐서 진멸하고 세일 주민들을 멸한 후에는 그들이 서로 쳐 죽였더라 유다 사람이 들 망대에 이르러 그 무리를 본즉 땅에 엎드러진 시체들뿐이요 한 사람도 피한 자가 없는지라_대하 20:22-24

예상치 못한 큰 문제나 상황 앞에서 우리도 자신의 연약함과 의심을 떨쳐 버리고, 하나님의 하나님 되심을 믿고 찬양한다면 우리를 죽이려고 달려드는 사탄은 아무런 힘도 못 쓴 채 패하고 떠나갈 줄 믿습니다. 이처럼 우리가 찬양할 이유는 너무도 확실합니다.

찬양의 유익

첫째, 찬양은 우리를 변화시킵니다. 부부가 함께 오래 살다 보면 서로 닮는다고 합니다. 바라봄의 법칙입니다. 하나님만 바라보는 찬양의 삶을 살 때 우리에게 변화가 일어납니다. 하나님과의 지속적인 만남을 통해 우리는 "무엇에든지 참되며 무엇에든지 경건하며 무엇에든지 옳으며 무엇에든지 정결하며 무엇에든지 사랑받을 만하며 무엇에든지 칭찬받을 만"(빌 4:8)한 자들로 변화됩니다. 우리의 속사람이 변하고 세상적 가치관이 성경적 가치관으로 변합니다.

찬양에는 우리를 전인격적으로 바꾸는 신비로운 능력이 있습니다. 생각과 감정과 행동이 바뀌어 삶 전체가 변화됩니다. 결국 찬양으로 인해 전인적인 변화가 일어나고 인생이 바뀌게 됩니다.

둘째, 찬양은 우리 믿음을 견고히 세워 줍니다. 하나님을 알아 가는 찬양을 통해 하나님에 관한 지식이 쌓여 갈수록 우리 안에 믿음이 자리 잡게 됩니다. 결국, 어떤 것에도 흔들리지 않는 견고한 신앙인으로 서게 됩니다.

셋째, 찬양은 우리에게 평화로운 심령과 생각을 갖게 해 줍니다. 찬양을 계속하다 보면 우리 생각과 마음이, 무엇보다 우리 영혼이 하나님으로 가득 차는 경험을 하게 됩니다.

> 주께서 심지가 견고한 자를 평강하고 평강하도록 지키시리니 이는 그가 주를 신뢰함이니이다 _사 26:3

여기서 '심지가 견고한' 것과 '주를 신뢰하는' 것이 같은 의미로 쓰이고 있습니다. 심지가 견고하다는 것은 흔들리지 않는다는 뜻입니다. 하나님은 그런 사람을 평강하게 지켜 주십니다. 왜냐하면 그가 주를 신뢰하기 때문입니다. 믿음의 사람은 평강을 누릴 수 있습니다. 문제 앞에서 호들갑 떨지 않고 잠잠하게 또 담대하게 하나님의 때를 기다릴 수 있습니다.

우리는 찬양으로 기도를 시작해야 합니다. 이유는 간단합니다. 예수님이 제자들에게 그렇게 하라고 가르쳐 주셨기 때문입니다.

> 예수께서 이르시되 너희는 기도할 때에 이렇게 하라 아버지여 이름이 거룩히 여김을 받으시오며 나라가 임하시오며 _눅 11:2

예수님은 거룩하신 하나님의 "이름"을 높이는 것으로 기도를 시작하라고 가르쳐 주셨습니다. 즉 올바른 기도는 찬양으로부터 시작된다는 뜻입니다. 왜 그럴까요? 기도는 하나님과의 교제이기 때문입니다. 기도는 하나님과 시선을 맞추고, 그분이 누구신지를 아는 것에서부터 시작되어야 합니다.

우리 시선이 하나님을 향해 있다면, 사탄이 당장에라도 죽일 듯 달려드는 상황 속에서도 우리 내면은 잔잔한 호수처럼 잠잠할 수 있습니다. 이것이 바로 기적입니다.

어떻게 찬양하는가

찬양은 말씀 속에 나타난 하나님을 찾고, 그분의 성품과 이름을 높이는 것을 말합니다. 즉 하나님이 어떤 분이신지를 선포하는 것입니다. 이때 말씀을 그대로 선포해도 좋고, 말씀 속에서 깨달은 하나님의 성품을 생각하며 찬양해도 좋습니다.

찬양은 기도입니다. 기도에서 우리가 가장 먼저 해야 할 것이 무엇이던가요? 하나님을 찬양하는 것입니다. 그러므로 말씀으로 찬양을 시작해 보십시오. 예를 들어 보겠습니다.

> 예수께서 또 말씀하여 이르시되 나는 세상의 빛이니 나를 따르는 자는 어둠에 다니지 아니하고 생명의 빛을 얻으리라 _요 8:12

예수님은 자신에 관해 "세상의 빛"이요 "생명의 빛"이라 하셨습니다. 그러면 어떻게 찬양하면 좋을까요?

"세상의 빛이신 예수 그리스도를 찬양합니다. 아멘!"

"어두운 세상에 빛으로 오신 우리 주 예수 그리스도를 찬양합니다. 아멘!"

"우리로 하여금 더 이상 어둠에 다니지 않게 해 주신 주님을 찬양합니다. 아멘!"

"빛이신 주님을 따를 때, 우리로 생명의 빛을 얻게 하시는 하나님을 찬양합니다. 아멘!"

우리 상처를 치료해 주시는 하나님을 히브리어로 '여호와 라파'라 합니다.

> 상심한 자들을 고치시며 그들의 상처를 싸매시는도다 _시 147:3

우리는 여호와 라파 하나님을 이렇게 찬양할 수 있습니다.

"우리의 상심한 마음을 아시는 여호와 하나님을 찬양합니다. 아멘!"

"상심한 자들을 찾아 고쳐 주시는 하나님을 찬양합니다. 아멘!"

"우리의 깊은 상처를 싸매 주시는 하나님을 찬양합니다. 아멘!"

어떻습니까? 말씀으로 찬양하는 것이 처음에는 조금 생소한 것 같아도 계속해서 하다 보면 익숙해집니다.

1단계 찬양 훈련

다음은 말씀으로 기도하는 엄마 두 분을 인터뷰한 내용입니다. 말씀으로 기도하면 어떤 유익이 있는지 알 수 있습니다.

참석자는 S(두 자녀의 엄마, MIP 기도를 해 온 지 7년째)와 Y(세 자녀의 엄마, MIP 기도를 해 온 지 6년째)입니다.

Q. 두 분은 어떻게 MIP를 시작하게 되었습니까?

S: 저는 주변 엄마들의 적극적인 권유로 시작하게 되었어요.

Y: 저는 첫째 아이가 다섯 살 되던 해에 MIP에 관해 알게 되었어요. '기도하는 엄마들'이라는 이름을 듣고, 아이가 어릴 적부터 기도로 양육하고 싶은 마음에 시작하게 되었습니다.

Q. 하나님의 말씀에 기초하여 드리는 MIP 기도가 지금껏 해 왔던 기도와 어떻게 다르던가요?

S: 예전에는 문제가 닥쳤을 때 위기를 넘기기 위해서, 또는 불안한 마음을 없애기 위해서 기도했어요. 그런데 말씀 기도는 하나님이 하실 일에 좀 더 초점을 맞추는 기도라고 생각해요.

Y: 옛날에는 제 감정과 필요를 앞세워 기도하다 보니 삶이 평안할 때에는 기도하지 않게 되더라고요. 문젯거리가 있어야만 기도하러 다니곤 했지요. 그러나 말씀 기도를 배우고 제 감정이 아닌 말씀이 기준이 되어야 한다는 사실을 깨달은 덕분에 기도 생활을 기복 없이 꾸준히 하게 되었어요.

Q. MIP 기도의 1단계는 찬양인데, 말씀으로 찬양하며 기도할 때 어
　떤 변화를 경험했습니까?

S: 어릴 때부터 하나님을 믿으며 자랐는데, 막상 자녀와 가정에 생
　각하지 못한 어려운 문제나 힘든 상황이 닥치면, 그때마다 불안
　에 휩싸여 염려하곤 했어요. 하나님께 간절히 기도하면서도 불
　안한 마음은 사라지지 않았지요. 그런데 말씀을 통해 하나님이
　어떤 분이신지를 먼저 확인하고 주님을 찬양하는 가운데 불안
　함이 사라지고, 대신 하나님을 향한 믿음과 확신이 더해지는 것
　을 경험했습니다. 우리를 사랑하시되 끝까지 사랑하시는 주님
　을 찬양하면 할수록 크게만 보였던 문제들이 작아 보이고, 불안
　이나 염려 대신 하나님이 하실 일들에 관한 기대가 커지면서 믿
　음으로 기도할 수 있게 되었어요.

Y: 세 자녀의 엄마가 되면서부터 미래에 대한 염려가 늘 저를 괴
　롭히곤 했어요. 불안감이 엄습할 때마다 자기 연민에 빠져서 눈
　물로 기도하곤 했는데, 때때로 하나님이 과연 듣고 계실까 혹은
　이런 기도도 하나님이 응답하실까 하는 의구심이 들어 확신 있
　게 기도하지 못했던 것 같습니다. 그런데 하나님이 어떤 분이신
　지를 말씀에서 찾고 선포하는 MIP 기도를 하면서 1단계 찬양을
　통해 그동안 제가 하나님의 성품이나 능력에 관해 잘못 알던 것
　이 참 많았다는 사실을 깨닫게 되었어요.

　예를 들어, "이에 그들이 그들의 고통 때문에 여호와께 부르
　짖으매 그가 그들의 고통에서 그들을 인도하여 내시고"(시

107:28)라는 말씀으로 기도할 때, 하나님은 고통 가운데서 부르짖는 내 기도를 들으시고, 고통에서 나를 건져 내시는 분이라는 사실을 깨닫게 되었어요. 그래서 의심과 불안 대신에 담대함을 얻고 확신을 갖게 되었으며 하나님 앞에 나아가는 태도가 달라졌습니다.

그 변화가 제 삶과 기도 생활에도 변화를 가져왔는데요, 불안한 감정이 올라올 때마다 하나님이 어떤 분이신지를 떠올리면서 입으로 믿음을 선포하는 습관이 생겼습니다. 집안일을 할 때나 길을 걸을 때나 상관없이 무시로 하나님을 찬양하며 기도하게 되었어요.

이제 MIP 기도의 1단계인 찬양 훈련을 해보겠습니다. 먼저 말씀을 내용에 따라 2~3군데로 나눕니다. 첫 번째 사람이 선포하면 기도 짝이 "그렇습니다" 동의하고 "아멘"으로 화답하며 기도합니다. 대화식이기에 짧고 간단하고 명확하게 기도합니다.

1단계 찬양 훈련

▶ 이 말씀으로 하나님을 선포하고 찬양하겠습니다.

①

> 우리가 아직 죄인 되었을 때에/ 그리스도께서 우리를 위하여 죽으
> 심으로/ 하나님께서 우리에 대한 자기의 사랑을 확증하셨느니라
> _롬 5:8

우리가 아직 죄인 되었을 때에

1. 죄인인 우리에게 먼저 찾아오신 하나님을 찬양합니다. 아멘!
2. 그렇습니다. 사랑받을 자격이 없는 우리를 택하여 주신 하나님을 찬양합
   니다. 아멘!

그리스도께서 우리를 위하여 죽으심으로

1. 십자가에 죽기까지 우리를 사랑해 주신 하나님을 찬양합니다. 아멘!
2. 그렇습니다. 우리를 구속하시기 위하여 자기 몸 버려 죽기까지 순종하신
   성자 하나님을 찬양합니다. 아멘!

하나님께서 우리에 대한 자기의 사랑을 확증하셨느니라

1. 우리에 대한 사랑을 독생자의 죽음으로 확증하여 주신 하나님을 찬양합니
   다. 아멘!
2. 그렇습니다. 우리를 향한 아낌없는 사랑을 십자가에서 쏟아부어 주신 하
   나님을 찬양합니다. 아멘!

▶ 그런 하나님을 찬양합니다. 아멘!

②

> 누가 우리를 그리스도의 사랑에서 끊으리요 환난이나 곤고나 박
> 해나 기근이나 적신이나 위험이나 칼이랴… / 그러나 이 모든 일
> 에 우리를 사랑하시는 이로 말미암아 우리가 넉넉히 이기느니
> 라_롬 8:35-37

누가 우리를 그리스도의 사랑에서 끊으리요 환난이나 곤고나 박해나
기근이나 적신이나 위험이나 칼이랴

1. 환난과 곤고, 박해나 기근이나 적신이나 위험이나 칼에서 우리를 보호해
   주시는 하나님을 찬양합니다. 아멘!
2. 그렇습니다. 어떤 환난과 핍박도 끊을 수 없는 강력한 사랑을 우리에게 주
   신 하나님을 찬양합니다. 아멘!

이 모든 일에 우리를 사랑하시는 이로 말미암아 우리가 넉넉히 이기
느니라

1. 우리가 처한 모든 어려움 가운데서 우리를 넉넉히 이기게 하시는 하나님
   을 찬양합니다. 아멘!
2. 그렇습니다. 어떠한 어려움도 그리스도 예수 안에서 넉넉히 이기게 하시
   는 하나님을 찬양합니다. 아멘!

▶ 그런 하나님을 찬양합니다. 아멘!

③

> 능히 모든 성도와 함께 지식에 넘치는 그리스도의 사랑을 알고/ 그 너비와 길이와 높이와 깊이가 어떠함을 깨달아/ 하나님의 모든 충만하신 것으로 너희에게 충만하게 하시기를 구하노라 _엡 3:18-19

능히 모든 성도와 함께 지식에 넘치는 그리스도의 사랑을 알고

1. 믿음의 성도들과 함께 지식에 넘치는 그리스도의 사랑을 알게 하시는 하나님을 찬양합니다. 아멘!
2. 그렇습니다. 지식보다 더 큰 사랑을 혼자가 아닌 공동체와 함께 누리게 하신 하나님을 찬양합니다. 아멘!

그 너비와 길이와 높이와 깊이가 어떠함을 깨달아

1. 우리를 향한 사랑의 너비와 길이와 높이와 깊이가 어떠한지 깨닫게 하시는 하나님을 찬양합니다. 아멘!
2. 그렇습니다. 우리에게 베푸신 측량할 수 없는 사랑을 깨달아 알게 하신 하나님을 찬양합니다. 아멘!

하나님의 모든 충만하신 것으로 너희에게 충만하게 하시기를 구하노라

1. 하나님의 충만하신 사랑을 우리 안에 채워 주시는 하나님을 찬양합니다. 아멘!

2. 그렇습니다. 크고 위대한 하나님의 사랑을 우리에게 충만하도록 아낌없이 주시는 하나님을 찬양합니다. 아멘!

▶ 그런 하나님을 찬양합니다. 아멘!

④

사랑은 여기 있으니/ 우리가 하나님을 사랑한 것이 아니요 하나님이 우리를 사랑하사/ 우리 죄를 속하기 위하여 화목제물로 그 아들을 보내셨음이라_요일 4:10

사랑은 여기 있으니

1. 사랑의 본을 보이신 하나님을 찬양합니다. 아멘!
2. 그렇습니다. 사랑 그 자체로 지금도 우리와 함께하시는 하나님을 찬양합니다. 아멘!

우리가 하나님을 사랑한 것이 아니요 하나님이 우리를 사랑하사

1. 자격 없는 우리를 먼저 사랑하여 주신 하나님을 찬양합니다. 아멘!
2. 그렇습니다. 아무 공로 없는 우리에게 사랑으로 찾아오신 하나님을 찬양합니다. 아멘!

우리 죄를 속하기 위하여 화목제물로 그 아들을 보내셨음이라

1. 우리 죄를 대속하기 위해 독생자 예수를 화목제물로 내어주신 하나님을 찬양합니다. 아멘!

2. 그렇습니다. 십자가에 달려 죽으심으로 우리와 화목을 이루게 하신 하나님을 찬양합니다. 아멘!

▶ **그런 하나님을 찬양합니다. 아멘!**

⑤

> 하나님이 세상을 이처럼 사랑하사 독생자를 주셨으니/ 이는 그를 믿는 자마다 멸망하지 않고 영생을 얻게 하려 하심이라_요 3:16

하나님이 세상을 이처럼 사랑하사 독생자를 주셨으니

1. 독생자를 내어 주시기까지 이 세상을 사랑하여 주신 하나님을 찬양합니다. 아멘!
2. 그렇습니다. 우리를 사랑하셔서 이 땅에 예수 그리스도를 보내 주신 하나님을 찬양합니다. 아멘!

이는 그를 믿는 자마다 멸망하지 않고 영생을 얻게 하려 하심이라

1. 누구든지 예수를 믿는 자들에게 멸망이 아닌 영원한 생명을 허락하시는 하나님을 찬양합니다. 아멘!
2. 그렇습니다. 예수님을 구주로 믿고 시인할 때 사망에서 생명으로 옮겨 주시는 하나님을 찬양합니다. 아멘!

▶ **그런 하나님을 찬양합니다. 아멘!**

> 여호와께서 그들 앞에서 가시며/ 낮에는 구름 기둥으로 그들의 길을 인도하시고 밤에는 불기둥을 그들에게 비추사/ 낮이나 밤이나 진행하게 하시니_출 13:21

여호와께서 그들 앞에서 가시며

1. 우리보다 앞서 가시며 모든 걸음을 인도하시는 하나님을 찬양합니다. 아멘!
2. 그렇습니다. 우리가 가야 할 길을 이미 아시고 앞서 인도해 주시는 하나님을 찬양합니다. 아멘!

낮에는 구름 기둥으로 그들의 길을 인도하시고 밤에는 불기둥을 그들에게 비추사

1. 낮에는 구름 기둥으로, 밤에는 불기둥으로 우리의 길을 인도하시는 하나님을 찬양합니다. 아멘!
2. 그렇습니다. 우리의 필요를 아시고 가장 선한 방법으로 인도해 주시는 하나님을 찬양합니다. 아멘!

낮이나 밤이나 진행하게 하시니

1. 믿음의 길을 가는 우리와 낮이나 밤이나 항상 동행해 주시는 하나님을 찬양합니다. 아멘!
2. 그렇습니다. 주야로 우리의 길을 살피시고 돌보시는 하나님을 찬양합니다. 아멘!

▶ 그런 하나님을 찬양합니다. 아멘!

⑦

> 너희의 구속자시요 이스라엘의 거룩하신 이이신 여호와께서 이르시되/ 나는 네게 유익하도록 가르치고/ 너를 마땅히 행할 길로 인도하는 네 하나님 여호와라_ 사 48:17

너희의 구속자시요 이스라엘의 거룩하신 이이신 여호와께서 이르시되

1. 우리를 구속하사 소유 삼아 주신 하나님을 찬양합니다. 아멘!
2. 그렇습니다. 우리를 구속하여 주사 거룩한 주의 자녀로 삼아 주신 하나님을 찬양합니다. 아멘!

나는 네게 유익하도록 가르치고

1. 우리를 유익하도록 가르치시고 교훈하시는 하나님을 찬양합니다. 아멘!
2. 그렇습니다. 주의 말씀으로 우리를 일깨워 주시는 하나님을 찬양합니다. 아멘!

너를 마땅히 행할 길로 인도하는 네 하나님 여호와라

1. 우리가 마땅히 행할 길로 나아가도록 친히 이끄시는 하나님을 찬양합니다. 아멘!
2. 그렇습니다. 우리의 삶을 친히 이끄사 주의 길로 행하게 하시는 하나님을

찬양합니다. 아멘!

▶ **그런 하나님을 찬양합니다. 아멘!**

⑧

> 여호와가 너를 항상 인도하여 메마른 곳에서도 네 영혼을 만족하
> 게 하며 / 네 뼈를 견고하게 하리니 / 너는 물 댄 동산 같겠고 물이
> 끊어지지 아니하는 샘 같을 것이라 _사 58:11

여호와가 너를 항상 인도하여 메마른 곳에서도 네 영혼을 만족하게
하며

1. 어떤 상황에서도 항상 우리의 인도자가 되어 주시는 하나님을 찬양합니
   다. 아멘!
2. 그렇습니다. 우리를 인도하사 메마른 곳에서도 우리의 영혼을 만족케 하
   시는 하나님을 찬양합니다. 아멘!

네 뼈를 견고하게 하리니

1. 우리의 영혼을 돌보실 뿐 아니라 육신까지도 견고케 하시는 하나님을 찬
   양합니다. 아멘!
2. 그렇습니다. 영과 육이 강건하도록 이끄시는 하나님을 찬양합니다. 아멘!

너는 물 댄 동산 같겠고 물이 끊어지지 아니하는 샘 같을 것이라

1. 우리의 공급자 되시어 물이 끊어지지 않는 샘 같은 풍성함을 주시는 하나

님을 찬양합니다. 아멘!

2. 그렇습니다. 그 풍성함으로 인해 우리의 삶을 구원의 통로로 사용해 주시는 하나님을 찬양합니다. 아멘!

▶ **그런 하나님을 찬양합니다. 아멘!**

⑨

> **내 영혼을 소생시키시고/ 자기 이름을 위하여 의의 길로 인도하시는도다**_시 23:3

내 영혼을 소생시키시고

1. 우리의 영혼을 소생시키사 회복을 주시는 하나님을 찬양합니다. 아멘!
2. 그렇습니다. 죽음 가운데 있던 우리를 다시 살게 하신 하나님을 찬양합니다. 아멘!

자기 이름을 위하여 의의 길로 인도하시는도다

1. 우리를 돌이켜 의의 길로 인도하시는 하나님을 찬양합니다. 아멘!
2. 그렇습니다. 죄인의 길로 행하던 우리를 선하고 의로운 길로 인도해 주시는 하나님을 찬양합니다. 아멘!

▶ **그런 하나님을 찬양합니다. 아멘!**

⑩

> 이 하나님은 영원히 우리 하나님이시니/ 그가 우리를 죽을 때까지 인도하시리로다_시 48:14

이 하나님은 영원히 우리 하나님이시니

1. 우리를 영원토록 당신의 소유 삼아 주시는 하나님을 찬양합니다. 아멘!
2. 그렇습니다. 영원히 우리와 함께하시는 하나님을 찬양합니다. 아멘!

그가 우리를 죽을 때까지 인도하시리로다

1. 삶의 마지막 순간까지 우리와 함께하시는 하나님을 찬양합니다. 아멘!
2. 그렇습니다. 지금도 우리와 함께하시며 우리의 삶이 끝나는 그날까지 우리와 동행하여 주실 하나님을 찬양합니다. 아멘!

▶ 그런 하나님을 찬양합니다. 아멘!

⑪

> 이에 그들이 그들의 고통 때문에 여호와께 부르짖으매/ 그가 그들의 고통에서 그들을 인도하여 내시고_시 107:28

그들이 그들의 고통 때문에 여호와께 부르짖으매

1. 고통 가운데 부르짖을 수 있게 하시는 하나님을 찬양합니다. 아멘!
2. 그렇습니다. 부르짖는 우리의 간구에 귀 기울이시는 하나님을 찬양합

니다. 아멘!

그가 그들의 고통에서 그들을 인도하여 내시고

1. 부르짖음을 들으사 고통 가운데서 인도해 내시는 하나님을 찬양합니다. 아멘!

2. 그렇습니다. 우리를 건지시고 회복시키시는 하나님을 찬양합니다. 아멘!

▶ **그런 하나님을 찬양합니다. 아멘!**

⑫

사람이 마음으로 자기의 길을 계획할지라도/ 그의 걸음을 인도하시는 이는 여호와시니라 _잠 16:9

사람이 마음으로 자기의 길을 계획할지라도

1. 우리에게 선한 계획을 세우도록 지혜를 주시는 하나님을 찬양합니다. 아멘!

2. 그렇습니다. 우리의 생각과 계획을 뛰어넘어 하나님의 방법으로 이끌어 가시는 하나님을 찬양합니다. 아멘!

그의 걸음을 인도하시는 이는 여호와시니라

1. 우리가 가야 할 길을 아시어 앞서 걸음을 인도해 가시는 하나님을 찬양합니다. 아멘!

2. 그렇습니다. 우리를 세밀히 지켜보시고 가장 좋은 길로 인도해 주시는

하나님을 찬양합니다. 아멘!

▶ 그런 하나님을 찬양합니다. 아멘!

2. 고백

하나님을 바라보며 말씀으로 찬양하는 것은 곧 거룩하신 하나님 앞에 서는 것이나 다름없습니다. 하나님의 찬란한 빛 가운데 서서 주님께 집중하며 주님의 성품과 능력을 묵상할 때, 우리는 자신의 내면 깊숙한 곳에 가라앉아 있던 온갖 죄가 드러나는 것을 보게 됩니다.

이사야 선지자도 하나님 앞에서 이 같은 경험을 했습니다.

웃시야왕이 죽던 해에 내가 본즉 주께서 높이 들린 보좌에 앉으셨는데 그의 옷자락은 성전에 가득하였고 스랍들이 모시고 섰는데 각기 여섯 날개가 있어 그 둘로는 자기의 얼굴을 가리었고 그 둘로는 자기의 발을 가리었고 그 둘로는 날며 서로 불러 이르되 거룩하다 거룩하다 거

룩하다 만군의 여호와여 그의 영광이 온 땅에 충만하도다 하더라_사 6:1-3

스랍들이 화답하는 소리로 "문지방의 터가 요동하며 성전에 연기가 충만"한 것을 본 이사야의 입에서 "화로다 나여 망하게 되었도다 나는 입술이 부정한 사람이요 나는 입술이 부정한 백성 중에 거주하면서 만군의 여호와이신 왕을 뵈었음이로다"라는 말이 절로 터져 나왔습니다(사 6:4-5). 무슨 말입니까? 거룩하신 하나님 앞에 서니 자신이 얼마나 부정하며 죄로 가득한 자인지를 깨닫게 되었다는 것입니다.

베드로도 이사야와 비슷한 고백을 한 적이 있지요. 게네사렛 호숫가에서 예수님을 처음 만났을 때의 일입니다. 무리에게 말씀을 다 전하신 예수님이 밤새 물고기를 잡지 못해 허탕을 친 베드로(당시에는 시몬)에게 "깊은 데로 가서 그물을 내려 고기를 잡으라"고 하셨습니다. 그가 "말씀에 의지하여 내가 그물을 내리리이다" 하고 그렇게 하니 두 배가 잠기고 그물이 찢어질 정도로 고기가 많이 잡혔습니다. 그러자 베드로가 예수님 앞에 엎드려 "주여 나를 떠나소서 나는 죄인이로소이다"라고 고백했습니다(눅 5:1-8).

베드로는 바닷가에서 잔뼈가 굵은 베테랑 어부였습니다. 물고기야 많이 잡을수록 좋을 테지만, 당시 상황은 "시몬의 동업자인 야고보와 요한도" 보고 놀랄 정도로 기이했던 것이 분명합니다. 그래도 뭔가 이상하지 않나요? 예기치 않은 만선에 기뻐하며 감사 인사를 하는 대신에 느닷없이 무릎을 꿇고 "나를 떠나 주십시오. 나는 죄인입니다"라고 고백했으니 말입니다.

아마도 베드로는 예수님이 예사롭지 않은 분임을 알고, 한 번 더 쳐다봤을 것입니다. 주님의 눈과 마주친 순간, 그는 자기의 깊은 내면까지 꿰뚫어 보시는 주님의 시선을 느꼈을 것입니다. 그 자신도 미처 알지 못했던 속마음이 환히 드러나는 순간이었습니다.

이처럼 하나님 앞에 서는 순간, 우리는 죄인임을 숨길 수가 없게 됩니다.

죄란 무엇인가

말씀을 통해 하나님이 어떤 분이신지를 알고 묵상하며 찬양하다 보면 천지를 지으신 하나님이 어찌 나같이 작은 자를 만나 주시는가 하는 생각에 말할 수 없는 감동이 밀려옵니다. 그리고 말씀과 어긋난 삶을 살아온 자신의 죄악 된 모습을 깨닫고는 몸 둘 바를 모르게 되지요. 우리 기도는 찬양 단계를 지나 자연스럽게 죄를 고백하는 2단계로 접어듭니다.

하나님의 말씀은 살아 있고 활력이 있어 좌우에 날 선 어떤 검보다도 예리하여 혼과 영과 및 관절과 골수를 찔러 쪼개기까지 하며 또 마음의 생각과 뜻을 판단하나니 지으신 것이 하나도 그 앞에 나타나지 않음이 없고 우리의 결산을 받으실 이의 눈앞에 만물이 벌거벗은 것같이 드러나느니라_히 4:12-13

하나님은 우리 죄를 숨김없이 낱낱이 드러내는 것으로 구원의 여정을 시작하십니다. 말씀 앞에서 우리는 발가벗겨집니다. 아무리 숨기려고 해도 전지전능하신 하나님의 눈길을 피할 수가 없습니다.

MIP 기도의 2단계 고백은 우리가 지은 죄를 하나님 앞에 다 고하고 회개하는 단계입니다. 죄가 여전한 상태에서는 MIP 기도의 3, 4단계인 감사와 중보로 넘어갈 수가 없습니다. 설사 죄 문제를 해결하지 못한 상태에서 단계별로 기도를 마쳤다고 해도 응답을 받을 수가 없습니다.

죄란 무엇입니까? 성경에서 '죄'로 번역되는 헬라어 '하마르티아'의 원뜻은 '과녁을 벗어남, 빗나감'입니다. 즉 말씀의 과녁에서 벗어난 행위가 죄라는 뜻입니다. 아담과 하와는 하나님의 말씀에 불순종함으로써 죄가 이 세상에 들어오는 빌미를 제공했습니다. 아담의 범죄 이후로 태어난 모든 인간은 죄인입니다.

인간은 아담의 실패 위에 서 있습니다. 죄를 지어서 죄인이 아니라 죄인이어서 죄를 짓습니다. 이것이 성경이 말하는 원죄요 우리 인간의 상태입니다.

> 그때에 너희는 그 가운데서 행하여 이 세상 풍조를 따르고 공중의 권세 잡은 자를 따랐으니 곧 지금 불순종의 아들들 가운데서 역사하는 영이라 전에는 우리도 다 그 가운데서 우리 육체의 욕심을 따라 지내며 육체와 마음의 원하는 것을 하여 다른 이들과 같이 본질상 진노의 자녀이었더니_엡 2:2-3

사도 바울은 우리가 "본질상 진노의 자녀"였다고 말합니다. 죄와 허물 가운데 행하며 이 세상 풍조를 따르고, 공중의 권세 잡은 자, 곧 사탄을 따랐기 때문입니다. 아담과 하와는 하나님의 말씀을 버리고 사탄의 말을 좇았습니다.

　그 결과 인간은 최고의 위치에서 나락으로 떨어지는 신세가 되었습니다. 완벽한 에덴동산에서 하나님과 친밀히 교제하던 인간은 죄로 인해 모든 것을 잃어버리고 하나님과 단절됩니다. 죄는 하나님과의 관계를 단절시킵니다. 하나님과의 단절은 인간에게 말로 다 표현할 수 없는 공허함과 외로움을 안겨 주었습니다. 아무리 많은 것을 가져도, 자신이 소원하는 것을 다 이루어도 가슴이 허한 이유가 이것입니다. 하나님만이 채우실 수 있는 그 무엇이 우리 내면에 있기 때문입니다. 하나님과 교제하며 영원토록 그를 찬양하도록 지음받은 우리가 본래 목적을 상실한 채 다른 것들을 이룬들 무슨 의미가 있겠습니까! 그래서 인간은 에덴으로의 복귀를 위해 끊임없이 애를 씁니다. 에덴으로의 복귀란 의로우신 하나님과 끊어졌던 교제를 회복하고 함께함을 말합니다. 의로우신 하나님과 다시 만나 함께하려면 우리 또한 의로워야 합니다. 인간은 스스로 선행과 공로를 쌓고, 고행을 하며, 종교의 이름으로 애쓰며 나아가지만 그 무엇으로도 회복할 수 없습니다. 우리의 의는 다 더러운 옷(사 64:6)일 뿐입니다. 무엇보다 범죄한 인간 앞에는 죽음과 심판이 기다리고 있습니다.

한번 죽는 것은 사람에게 정해진 것이요 그 후에는 심판이 있으리니_히
9:27

죽음은 모든 인간이 죄인임을 보여 주는 확실한 증거입니다. 누구도 예외일 수 없습니다. 우리는 모두 죄에 대해 무기력합니다. 이런 우리를 구원하고자 하나님이 친히 해결책을 마련하셨습니다. 언제나 시작은 하나님이 하십니다. 우리를 먼저 사랑하신 분도, 우리를 먼저 찾아오신 분도 하나님입니다. 하나님은 우리와의 단절을 원치 않으십니다.

우리의 지위(Position)와 상태(Condition)

하나님이 죄를 알지도 못하신 이를 우리를 대신하여 죄로 삼으신 것은 우리로 하여금 그 안에서 하나님의 의가 되게 하려 하심이라_고후 5:21

하나님은 죄를 알지도 못하신 예수 그리스도를 우리 대신 제물이 되게 하셨습니다. 그로 인해 우리는 그 안에서 "하나님의 의"가 되었습니다. 하나님은 이제 우리를 의롭다 여겨 주십니다. 죄 짓지 않아서 의로운 게 아니라 예수 그리스도의 보혈로 인해 의롭다 여김을 받게 된 것입니다. 이것이 그리스도 예수를 구주로 영접한 우리에게 주어진 새 지위(position, 회복된 위치)입니다.

곧 예수 그리스도를 믿음으로 말미암아 모든 믿는 자에게 미치는 하나님의 의니 차별이 없느니라_롬 3:22

차별이 없다는 것은 그 누구에게도 아무런 조건을 달지 않는 것입니다. 그래서 차별 없음은 곧 은혜입니다. 그 하나님의 은혜 안에서 우리는 더 이상 죄인이 아니라 의인입니다. 하나님은 우리를 온전하다고 보십니다.

그가 거룩하게 된 자들을 한 번의 제사로 영원히 온전하게 하셨느니라_히 10:14

이제 우리는 어느 때든지 하나님과 교제할 수 있게 되었습니다. 언제든 하나님께 나아가 부르짖을 수 있게 된 것입니다. 더 이상 우리 사이를 가로막는 것은 없습니다. 이 사실을 갈라디아서는 이렇게 표현합니다.

내가 그리스도와 함께 십자가에 못 박혔나니 그런즉 이제는 내가 사는 것이 아니요 오직 내 안에 그리스도께서 사시는 것이라 이제 내가 육체 가운데 사는 것은 나를 사랑하사 나를 위하여 자기 자신을 버리신 하나님의 아들을 믿는 믿음 안에서 사는 것이라_갈 2:20

하나님과 나는 예수 그리스도 안에서 완전히 회복된 관계입니다.

내 안에 그리스도가 사십니다. 그 무엇도 더 이상 우리를 갈라놓을 수 없습니다. 그러므로 우리는 하나님 앞에 나아가는 것을 주저하지 않아야 합니다. 어떤 문제든, 어떤 실패든, 어떤 죄악이든 그것을 가지고 하나님께로 나아가야 할 것입니다.

예수님은 십자가를 지시기 전에 제자들과 마지막 만찬을 나누셨습니다. 그 자리에서 예수님이 한 명 한 명의 발을 씻기셨습니다. 베드로 차례가 되자 그가 주님께 "주여 주께서 내 발을 씻으시나이까" 묻습니다. 예수님이 "내가 하는 것을 네가 지금은 알지 못하나 이후에는 알리라" 하고 말씀해 주시는데도 베드로는 "내 발을 절대로 씻지 못하시리이다"라며 만류했습니다. 베드로가 왜 그런 말을 했겠습니까? 예수님이 자기의 더러운 발을 씻겨 주시는 것이 못내 송구해서였을 것입니다.

예수님은 베드로의 그런 마음도 몰라주시고, "내가 너를 씻어 주지 아니하면 네가 나와 상관이 없느니라"라고 단호하게 말씀하십니다. 그러자 베드로가 얼른 "주여 내 발뿐 아니라 손과 머리도 씻어 주옵소서" 하고 나섰고, 예수님은 그에게 "이미 목욕한 자는 발밖에 씻을 필요가 없느니라 온몸이 깨끗하니라"라고 말씀하셨습니다(참조, 요 13:6-10).

'목욕하여 온몸이 깨끗하다'는 것은 무슨 의미입니까? 우리는 이미 예수 그리스도의 보혈로 모든 죄를 용서받았습니다. 과거와 현재와 미래의 모든 죄로부터 구원받아 하나님의 의로운 백성이 되었습니다. 이것은 그리스도 안에 있는 우리의 새 지위입니다. 그럼에도

"발"을 수시로 씻어야 하는 까닭은 우리는 사는 동안에는 완전히 죄에서 자유로울 수 없기 때문입니다. 이것은 여전히 죄성의 지배하에 있는 우리의 상태(Condition)를 말합니다. 여기서 우리는 우리의 지위와 상태를 혼동해서는 안 됩니다. 우리는 언제든, 어떤 모습으로든 하나님께 나아갈 수 있습니다. 하나님은 우리의 의로운 아버지시며, 우리는 그분의 의로운 자녀이기 때문입니다.

그러므로 죄를 지을 때마다 하나님 앞에 나아가 죄를 고백할 수 있어야 합니다. 그렇게 하지 않으면 죄는 그 속성대로 점점 커지고 단단해져서 하나님과의 관계를 가로막는 걸림돌이 될 것이기 때문입니다.

> 만일 우리가 우리 죄를 자백하면 그는 미쁘시고 의로우사 우리 죄를 사하시며 우리를 모든 불의에서 깨끗하게 하실 것이요 요일 1:9

하나님은 미쁘시고 의로우신 분입니다. 미쁘시다는 말은 우리가 신뢰할 만하다는 의미입니다. 그리고 우리 죄를 사하시며 우리를 모든 불의에서 깨끗하게 해 주십니다. 우리의 "죄"와 "모든 불의"를 어떻게 해결할 수 있다고 하십니까? "우리 죄를 자백하면"입니다. 죄 문제로 인해 고민하고 있다면 망설일 필요가 없습니다. 하나님께 자백하십시오. 우리가 죄를 자백하면 하나님은 용서하시고 깨끗하게 해 주십니다. 다른 아무 것도 요구하지 않으십니다. 물론 죄의 대가는 지불해야 하지만, 우리 죄를 사하시며 우리를 모든 불의에서 깨끗하게 하시겠다고 하신 약속을 믿으십시오. 이 약속을 붙잡고 날마다 죄 사함의 은총을 누리며 살아가기를 바랍니다.

고백이란 무엇인가

그렇다면 죄 용서의 전제가 되는 고백이란 무엇입니까?

첫째, 고백은 자기 죄를 인정하고, 그 죄를 구체적으로 명명하는 것입니다. 죄인은 여간해서는 자기 죄를 순순히 인정하지 않습니다. 고의적인 죄까지도 실수나 실패로 포장하며 변명하고 합리화하곤 합니다.

심지어 하나님의 사람 다윗도 그랬습니다. 우리아의 아내 밧세바와 동침하고 나서 그녀가 임신하자 그는 일부러 우리아를 전장의 최전방에 내보내 죽게 하였습니다. 1년 동안이나 죄를 숨기며 살았지만, 하나님은 모든 것을 알고 계셨습니다. 그는 당시의 심정을 시편에서 이렇게 고백합니다.

> 내가 입을 열지 아니할 때에 종일 신음하므로 내 뼈가 쇠하였도다 주의 손이 주야로 나를 누르시오니 내 진액이 빠져서 여름 가뭄에 마름같이 되었나이다 _시 32:3-4

이처럼 죄는 우리를 옭아매어 옴짝달싹 못하게 만들어 놓습니다. 종국에는 죽게 하는 것이 죄입니다. 죄 문제가 해결되지 않으면, 신앙이 성장할 수 없을 뿐만 아니라 생명의 근원이신 하나님께 가까이 나아갈 수 없습니다.

그러므로 죄를 인정하는 것이야말로 은혜의 출발점이라고 할 수 있습니다. 죄를 인정하려면 자신의 상태부터 정확히 알아야 합니다. 내가 누구이며 어떤 상태에 있는지는 절대 진리, 곧 하나님의 말씀 앞에 설 때 비로소 인식할 수 있습니다.

죄에 대한 인식이 깊어질수록 우리는 죄가 얼마나 지독하고 질긴지를 알게 됩니다. 자기 힘으로는 죄 문제를 해결할 수 없음을 깨달은 사람만이 십자가 앞에 나아가 하나님의 은혜를 구합니다. 자신의 상태를 직시하고 인정하는 것이 곧 고백입니다. 그렇게 죄를 인정할 때 비로소 해결책이 보이는 법입니다. 그러므로 고백은 수치스러운 게 아닙니다.

하나님이 죄를 드러내시는 이유는 우리를 죽이시려는 게 아니라 오히려 회복과 은혜의 자리로 초청하시기 위해서입니다. 그 사실을 믿고 하나님 앞에 나아가면 됩니다. 이것이 고백의 단계입니다.

태산 같은 죄도 그 출발점은 매우 작은 죄라는 사실을 잊지 마십시오. 죄를 괴물로 키우지 않으려면 빨리 처리해야 합니다. 그러려면 죄에 대한 민감성을 잃지 말아야 합니다.

둘째, 고백은 하나님 앞에서 자기 죄에 동의하는 것입니다. MIP 기도의 1단계 찬양에서 짝의 기도에 동의했던 것을 기억합니까? 고백에서도 마찬가지로 동의가 필요합니다. 무엇에 대한 동의일까요? 하나님이 죄라고 말씀하시는 것에 "아니요"라고 말하거나 스스로를 합리화하거나 핑계 대지 않고, "네, 하나님, 옳습니다. 그것은 죄입니다. 제가 죄를 지었습니다"라고 동의하는 것을 말합니다.

하나님이 죄를 드러내실 때, 그 죄에 대한 반응이 사뭇 달랐던 두 사람이 있습니다. 바로 사울왕과 다윗입니다. 죄에 어떻게 반응했는지에 따라 그들 인생의 결말이 달라졌습니다.

사무엘상 15장에 보면, 어느 날 사무엘 선지자가 사울에게 와서 하나님의 말씀을 전합니다.

> 만군의 여호와께서 이같이 말씀하시기를 아말렉이 이스라엘에게 행한 일 곧 애굽에서 나올 때에 길에서 대적한 일로 내가 그들을 벌하노니 지금 가서 아말렉을 쳐서 그들의 모든 소유를 남기지 말고 진멸하되 남녀와 소아와 젖 먹는 아이와 우양과 낙타와 나귀를 죽이라 하셨나이다_삼상 15:2-3

이스라엘 백성이 출애굽 할 때 아말렉이 이스라엘에 대적했던 일로 하나님이 그들을 벌하려고, 사울에게 가서 그들을 치라고 명령하셨습니다. 사울은 말씀대로 일어나 아말렉을 치기는 했지만, 완전히 순종하지는 않았습니다.

> 사울과 백성이 아각과 그의 양과 소의 가장 좋은 것 또는 기름진 것과 어린 양과 모든 좋은 것을 남기고 진멸하기를 즐겨 아니하고 가치 없고 하찮은 것은 진멸하니라_삼상 15:9

이 일로 하나님은 사무엘을 통해 사울을 책망하셨고, 그는 자기 죄를 인정하기보다는 변명을 늘어놓으며 합리화하기에 급급했습니다. 좋은 제물로 하나님께 제사를 드리기 위해서 아말렉을 진멸하지 않았다고 핑계를 댑니다. 하나님을 기만하려 한 그는 결국 자신의 왕국과 가족은 물론 생명마저도 잃고 말았습니다.

그러나 다윗은 달랐습니다. 그가 비록 밧세바를 탐하여 그 남편 우리아를 살해하기는 했지만, 하나님이 나단 선지자를 통해 그의 죄를 드러내시자 그는 자기 죄를 순순히 인정하고, 하나님 앞에 몸부림치며 철저히 회개했습니다.

> 하나님이여 주의 인자를 따라 내게 은혜를 베푸시며 주의 많은 긍휼을 따라 내 죄악을 지워 주소서 나의 죄악을 말갛게 씻으시며 나의 죄를 깨끗이 제하소서 무릇 나는 내 죄과를 아오니 내 죄가 항상 내 앞에 있나이다 내가 주께만 범죄하여 주의 목전에 악을 행하였사오니 주께서 말씀하실 때에 의로우시다 하고 주께서 심판하실 때에 순전하시다 하리이다 _시 51:1-4

다윗도 사울과 마찬가지로 왕이었습니다. 최고의 권세를 가진 만큼 죄를 인정하고 동의하기가 더 어려웠을 것입니다. 우리도 집에서는 각자 왕 노릇 하지 않습니까? 아이들이 잘못하면 큰 소리로 야단치는데, 자기가 잘못하면 소리 없이 조용히 넘기곤 합니다. 집안의 왕으로서 체면이 구겨질까 봐 그런 것 아니겠습니까? 그런데 한 나라의 왕인 다윗은 즉시 엎드려 하나님께 회개했습니다.

사도행전 13장에 그에 관한 하나님의 평가가 기록되어 있습니다.

내가 이새의 아들 다윗을 만나니 내 마음에 맞는 사람이라_행 13:22

하나님의 관심은 죄의 많고 적음에 있지 않습니다. 죄를 지적받았을 때 어떻게 반응하는가에 더 큰 관심을 두십니다. 하나님이 죄를 지적하실 때 곧바로 인정하고 동의하는 것이 복입니다.

셋째, 고백은 죄를 회개하고 마음을 돌이켜 하나님의 길로 가는 것입니다. 단순히 자기 잘못을 입으로 시인하는 것만이 고백은 아닙니다. 잘못했다고 말하면서도 같은 잘못을 계속해서 반복한다면 온전한 고백이라고 할 수 없습니다. 형식적인 회개는 아무런 효력이 없습니다.

진정한 회개는 하나님을 등지고 살던 삶에서 돌이켜 하나님을 향하여 나아가는 것입니다. 같은 죄를 두 번 다시 반복하지 않는 것이 바로 참된 회개입니다. 즉 삶과 행동에 변화가 나타나야 합니다.

회개와 후회는 다릅니다. 후회는 행동의 변화 없이 생각으로만 끝나 버리기 때문입니다. 가룟 유다도 예수님을 팔고 난 뒤에 "스스로 뉘우쳐" 그가 받은 "은 삼십을 대제사장들과 장로들에게 도로 갖다 주며"(마 27:3) 후회하지 않았습니까? 그러나 후회로는 죄 문제를 해결할 수 없습니다. 후회는 낙심과 절망을 줄 뿐입니다.

오직 하나님만이 죄 문제를 온전히 해결하실 수 있습니다. 그래서 회개는 하나님이 은혜를 주셔야 가능합니다. 제힘으로 스스로 회개하려고 아무리 애써도 안 됩니다. 하나님의 말씀에 강한 찔림을 받아야 "어찌할꼬" 하는 회개가 터져 나옵니다.

사실, 우리는 너무도 연약하기 때문에 회개하고 돌이켜도 죄짓기를 반복하곤 합니다. 사도 바울조차도 "오호라 나는 곤고한 사람이로다 이 사망의 몸에서 누가 나를 건져 내랴"(롬 7:24) 하고 낙심할 정도로 우리는 날마다 넘어집니다. 연약하기 때문에 더 자주, 더 많이 회개해야 합니다. 죄를 발견할 때마다 주께로 나아가는 것밖에는 달리 방법이 없습니다. 그래서 영적 민감성을 가져야 합니다. 회개의 수준이 신앙의 수준이요, 회개의 깊이가 곧 신앙의 깊이입니다.

왜 죄를 고백해야 하는가

우리는 왜 죄를 고백해야 합니까? 첫째, 고백은 명령입니다. 하나님은 "허물이 있을 때에는 아무 일에 잘못하였노라 자복"(레 5:5)하라고 말씀하십니다. 자기 허물을 발견하면 곧바로 잘못했다고 자복하는 것이 마땅합니다. 그렇게 하는 것이 하나님의 말씀에 순종하는 길입니다.

둘째, 하나님과 교제하기 위해서 죄를 먼저 고백해야 합니다. 죄가 있는 상태에서는 하나님과 교제할 수 없습니다. 하나님의 거룩하심과 의로우심이 너무도 강력해서 빛이 살균하듯이 하나님의 영광이 죄로 덮인 우리를 순식간에 불태워 없애 버릴 것이기 때문입니다.

예수님이 오셔서 죄 문제를 단번에 해결하신 뒤로는 제사가 필요 없어졌습니다. 오직 예수님을 믿기만 하면 한 번에 죄 사함을 얻게 된 것입니다. 하지만 죄의 범위는 오히려 구약시대보다 훨씬 더 넓어 졌다는 사실을 기억해야 합니다. 예수님은 형제에게 노하거나 욕하 는 것도 지옥 불에 떨어질 만큼의 죄라고 말씀하십니다(마 5:22).

셋째, 하나님이 우리 기도를 들으시고 응답하시기 위해서는 우리 가 죄를 고백해야 합니다. 성경은 "내가 나의 마음에 죄악을 품었더 라면 주께서 듣지 아니하시리라"(시 66:18)고 말합니다. 기도하기 전에 먼저 자신을 살펴야 합니다. 하나님이 응답해 주시지 않는다고 원망 하기 전에 하나님이 응답하실 수 없는 이유가 있는지 자신을 돌아보 십시오. 고백하지 않은 죄가 기도 응답을 가로막는 경우가 많기 때문 입니다.

넷째, 성령님을 근심시키지 않기 위해서 고백해야 합니다.

하나님의 성령을 근심하게 하지 말라 그 안에서 너희가 구원의 날까지 인치심을 받았느니라_엡 4:30

성경은 "하나님의 성령"을 근심하게 하지 말라고 분명히 명령합니 다. 성령님은 우리가 말씀대로 살도록 도우시는 영입니다. 예수님을 믿고 영접하는 순간에 성령님이 찾아와 우리 안에 머무시며 떠나지 않으십니다. 우리가 완전한 구원을 이루기까지, 즉 천국에 이를 때까 지 우리를 책임지십니다.

그런데 죄라는 장애물 때문에 성령님이 마음대로 일하실 수가 없 습니다. 그러니 "하나님의 성령"을 근심하게 하지 마십시오.

고백을 통해 얻는 유익

죄를 고백한 후에 우리는 어떤 유익을 얻을 수 있습니까?

첫째, 죄를 고백함으로써 우리는 담대함과 확신을 가지고 하나님께 나아갈 수 있습니다.

> 사랑하는 자들아 만일 우리 마음이 우리를 책망할 것이 없으면 하나님 앞에서 담대함을 얻고 무엇이든지 구하는 바를 그에게서 받나니 이는 우리가 그의 계명을 지키고 그 앞에서 기뻐하시는 것을 행함이라 요일 3:21-22

아이들은 뭔가 잘못을 저지르면 자기 방에서 안 나오는 경향이 있습니다. 부엌을 수시로 드나들며 냉장고에서 먹을거리를 찾던 아이가 웬일인지 꿈쩍도 하지 않는다면, 십중팔구 무슨 일이 생긴 것입니다.

마찬가지로 우리도 마음에 책망할 것이 있으면, 하나님 앞에 담대히 나아갈 수가 없습니다. 왜냐하면 두렵기 때문입니다. 그러나 죄를 고백하고 나면 모든 두려움이 사라지는 것을 느낍니다. 성경은 "악인은 쫓아오는 자가 없어도 도망하나 의인은 사자같이 담대"(잠 28:1)하다고 말합니다. 하나님 앞에 나아가 무엇이든지 구하고, 또 구하는 바를 얻으려면 죄를 고백하고 용서함을 받아 담대함을 얻어야 합니다.

둘째, 고백은 죄로부터 치유함을 얻게 하고, 새롭게 하심과 자유를 얻게 합니다. "도둑이 제 발 저리다"는 말이 있듯이 사람이 죄를 지으면 눈치를 보기 마련입니다. 죄는 우리를 묶는 힘이 있습니다. 수시로 죄책감에 빠져들고, 자기가 원하는 대로 살아갈 수 없게 훼방합니다.

죄가 깊으면 마음뿐 아니라 육체도 병치레를 하는 법입니다. 모든 병이 죄로 인한 것은 아니지만, 몸의 병이 여간해서 낫지 않는다면 혹시 해결되지 않은 죄가 있는지 살펴볼 필요가 있습니다.

셋째, 죄를 고백함으로써 하나님이 우리 삶에 온전히 출입하시고, 우리 삶을 통제하시도록 내어 드리게 됩니다.

> 하나님이여 나를 살피사 내 마음을 아시며 나를 시험하사 내 뜻을 아
> 옵소서 내게 무슨 악한 행위가 있나 보시고 나를 영원한 길로 인도하
> 소서_시 139:23-24

다윗은 무엇을 하든지 하나님께 묻곤 했습니다. 예를 들어, "내가 가서 이 블레셋 사람들을 치리이까" 하고 물었는데, 하나님이 "가서 블레셋 사람들을 치고 그일라를 구원하라"고 말씀하시면 다윗은 주저하지 않고 나아갔습니다(삼상 23:2). 그는 언제든지 하나님이 가라고 하시면 가고, 멈추라고 하시면 멈추었습니다. 그런데 삶의 보좌에 내가 앉아 있으면, 하나님의 진리의 말씀이 아닌 자기 생각이 기준이 됩니다. 그러니 죄로 나아갈 수밖에 없습니다.

자기 자아와 감정을 날마다 십자가에 못 박아야 합니다. 내가 내 삶의 주인이 아님을 끊임없이 고백해야만 하나님을 내 삶의 주인으로 모실 수 있습니다.

넷째, 우리는 고백을 통해 함께 기도하는 사람들과 연합하고 합심

하게 됩니다. 이스라엘 백성이 매우 크고 견고한 여리고성을 어떻게 함락할 수 있었을까요? 하나님이 명하신 대로 매일 성 주변을 한 바퀴씩 엿새 동안 돌다가 마지막 일곱째 날에 성을 일곱 바퀴 돌고 나서 제사장의 나팔소리에 맞춰 온 백성이 큰 소리를 외쳤을 때, 여리고 성벽이 무너져 내렸습니다. 그들이 한 것이 아니라 하나님이 하신 것입니다.

큰 성 여리고와의 전쟁에서 대승을 거둔 이스라엘이 그다음 작은 아이성과의 전쟁에서는 처참하게 실패했습니다. 그 이유는 아간 한 사람의 범죄 때문이었습니다. 여리고성을 무너뜨릴 때, 하나님은 성 안의 모든 것을 온전히 바치라고 명령하셨습니다. 바친 물건에는 아무도 손대어서는 안 되었습니다. 그런데 아간이 "시날산의 아름다운 외투 한 벌과 은 이백 세겔과 그 무게가 오십 세겔 되는 금덩이 하나를 보고 탐내어"(수 7:21) 가져가 자기 장막 가운데 땅속에 감추었던 것입니다.

한 사람의 죄가 아무것도 아닌 것 같지만, 공동체 전체를 파괴하고 멸망시킬 만큼 위력이 있습니다. 아간의 범죄로 백성 가운데 36명이 죽었고, 아이 사람 앞에서 도망하여 온 백성의 마음이 녹아서 물같이 되었다고 성경은 말합니다(참조. 수 7:5). 이처럼 죄는 우리를 파멸로 이끕니다. 아주 작아 보여도, 그 결과를 보면 결코 작지 않습니다. 그러므로 우리는 즉각적인 죄의 고백을 통해 자신뿐 아니라 자신이 속한 공동체를 건강하게 세워 가야 합니다.

성령님의 이끄심에 민감하라

죄를 고백함에 있어서 우리가 알아야 할 원칙 두 가지가 있습니다. 첫째, 성령님이 죄를 드러내실 때 즉시 회개해야 합니다. 죄는 마치 얼룩과도 같아서 한 번 물들면 여간해서는 빠지지 않습니다. 그러니 빨리 씻어 내야 합니다.

예전에 호주 시드니에서 잔디밭이 있는 단독 주택에서 산 적이 있습니다. 잔디밭이 보기에는 참 아름답고 좋은데, 관리하기가 무척 까다롭습니다. 어디서 씨가 날아오는지 여기저기 삐죽삐죽 잡초가 참 많이도 났습니다. 또 얼마나 빨리 자라던지 비가 자주 내리는 계절에는 조금만 게을리해도 잔디밭을 덮을 정도로 웃자라곤 했습니다. 저는 애들 키우랴 교회 사역하랴 잔디를 돌볼 시간이 없었습니다. 그러니 우리 집 마당은 잡초들 천지가 되기 일쑤였습니다.

그 덕분에 잡초처럼 불쑥불쑥 올라오는 죄에 관해 깊이 묵상할 수 있었습니다. 죄는 보이는 대로 될수록 빨리, 완전히 뽑아내야 합니다. 내버려두면 나중에는 자기 밭인 양 뿌리를 깊이 내리고 우리 삶을 덮어 버리고 말 것이기 때문입니다.

고백 단계에서 중요한 것은 성령님이 죄를 드러내신다는 것입니다. 성령님이 죄를 드러내실 때, 즉시 회개해야 합니다. 우리는 주로 생각나는 대로, 기억나는 대로 죄를 고백하곤 하지요. 물론, 저도 그랬습니다. 하지만 그런 고백에는 한계가 있습니다. 죄에 대한 기준이 다르기 때문입니다. 하나님이 보시기에는 분명히 죄인데, 정작 나는 죄로 여기지 않을 때가 있습니다. 그래서 우리는 성령님이 죄를 드러내시는 것에 민감해야 합니다.

그렇다면 성령님은 죄를 어떻게 드러내실까요?

보혜사 곧 아버지께서 내 이름으로 보내실 성령 그가 너희에게 모든
것을 가르치고 내가 너희에게 말한 모든 것을 생각나게 하리라 요 14:26

"보혜사"는 성령님을 가리키는 것으로 '변호사, 중재자' 또는 '대
언자, 대변자'라는 뜻이 있습니다. 성경은 성령님을 "진리의 성령"이
요 예수님을 "증언"하는 예수의 영으로 소개합니다(요 15:26). 또 "하나
님의 깊은 것까지도 통달"(고전 2:10)하신 하나님의 영으로 묘사하기도
합니다. 하나님의 뜻을 다 아시는 성령님은 그 뜻대로 성도를 위하여
간구하십니다(참조, 롬 8:27).

성령님은 말씀을 통해 깨닫게 하십니다. 그래서 말씀의 조명하심
을 따라 고백하는 훈련을 할 필요가 있습니다. 절대 진리요 절대 기
준이 되는 하나님의 말씀을 묵상하며, 그 말씀에 비추어 볼 때 죄라
고 여겨지면 그 즉시 고백하는 훈련을 말합니다. 말씀에 비추는 훈련
을 계속하면 말씀이 우리를 이끌어 가게 되고, 그럴 때 우리는 죄에
오래 머물러 있을 수가 없게 됩니다.

말씀의 조명하심을 따라 일상에서 지은 모든 죄를 기억나는 대로
고백하십시오. 죄 고백을 통해 하나님의 은혜를 경험해 갈수록 우리
는 영적으로 더욱 성숙하게 될 것입니다.

둘째, 의지적인 순종에서 우러난 고백이어야 합니다.

서서 기도할 때에 아무에게나 혐의가 있거든 용서하라 그리하여야 하
늘에 계신 너희 아버지께서도 너희 허물을 사하여 주시리라 하시니라
_막 11:25

"아무에게나 혐의가 있거든 용서하라"는 말씀은 누구에게든 "혐
의"를 느끼고 있다면, 그것을 즉시 내려놓고 용서하라는 뜻입니다.
누구에게서든 거리낌을 느낀다면, 그것을 풀어야 합니다. "그리하여
야" 우리도 하늘에 계신 아버지로부터 용서를 받을 수 있습니다. 하
나님은 우리가 무엇에 매여서 고통당하는 것을 원치 않으십니다. 매
인 것을 풀고, 자유롭게 살기를 바라십니다.

"용서하라"는 말씀은 명령입니다. 용서는 내가 하고 싶으면 하고,
하기 싫으면 하지 않아도 되는 것이 아닙니다. 반드시 순종해야 하는
명령입니다. 설사 하기 싫더라도 의지적으로 선택하는 것이 바로 순
종입니다.

특히 우리가 먼저 용서해야 우리도 용서받을 수 있다는 점이 중요
합니다. 이것은 주님이 가르쳐 주신 기도에도 잘 나타나 있습니다.

우리가 우리에게 죄지은 자를 사하여 준 것같이 우리 죄를 사하여 주
시옵고_마 6:12

우리는 예수 그리스도의 대속으로 말미암아 죄 사함을 받았습니
다. 이미 말로 다할 수 없는 은혜를 입은 것입니다. 만 달란트를 탕감

받은 자가 바로 우리입니다(참조, 마 18:23-35). 죄를 고백함으로써 용서를 받고, 우리가 받은 용서의 은혜를 다른 사람들에게도 베풀어야 마땅합니다.

2단계 고백 훈련

MIP 기도에서 2단계 고백은 성령의 조명하심을 따라 죄를 고백합니다. 말씀을 묵상하고 깨닫게 하시는 일상의 모든 죄를 기억나는 대로 고백합니다. 이때 죄를 기록하면 좋습니다.

자기 죄를 기록해 본 적이 없다면, 지금 한번 해 보기를 바랍니다. 죄를 다 기록하고 나서 그 위에 다음 말씀을 덧붙여 써 보십시오.

> 만일 우리가 우리 죄를 자백하면 그는 미쁘시고 의로우사 우리 죄를 사하시며 우리를 모든 불의에서 깨끗하게 하실 것이요_요일 1:9

말씀을 쓰고 난 뒤에는 죄를 기록한 종이를 찢어 버리세요. 하나님이 우리 죄를 단번에 용서해 주셨을 뿐만 아니라 다시는 기억조차 하지 않으신다는 사실을 우리 마음과 생각 속에 깊이 새기기 위한 퍼포먼스(performance)입니다. 그다음에 성령의 충만을 구하는 것까지가 회개의 전 과정입니다.

MIP 기도로, 특히 말씀의 조명하심을 따라 죄를 고백하는 2단계를 통해 큰 은혜를 경험한 A집사님의 간증을 소개합니다.

A집사님은 48개월 딸과 갓 돌을 넘긴 아들을 둔 엄마입니다. 대학

에서 유아교육학을 전공한 뒤 유치원에서 꽤 오랫동안 일했는데, 동료와 학부모들로부터 인정받는 교사였다고 합니다. 그래서 아이만큼은 잘 키울 자신이 있었답니다. 그런데 막상 부딪혀 보니 마음처럼 잘되지 않았습니다. A집사님은 문제의 원인을 첫아이에게서만 찾고, 정작 자기 자신은 돌아보지 않았습니다. 그러던 중에 둘째를 임신하게 되었고, 그때부터 문제가 더욱 심각해졌습니다.

A집사님은 집에서 두 아이를 키웠는데, 감정의 기복을 주체하지 못하고 첫째 아이에게 일방적으로 퍼붓곤 했습니다. 아이는 아무것도 모른 채 당할 수밖에 없었죠. 이러다간 집사님도 아이도 망가지겠다는 생각을 하던 중에 '기도하는 엄마들'을 만나게 되었습니다.

그동안 집사님이 예수님 대신에 아이 인생의 주인이 되어 집사님의 뜻대로 아이를 키워 왔다는 사실을 깨달았습니다. 아이에게 집사님의 기준과 방법을 강요하고, 아이의 행동을 이해하거나 받아주기보다는 훈육이라는 이름으로 단호하게 선을 그을 때가 많았다는 것을 알았습니다. 변명 같지만 그것이 사랑이고, 아이를 바르게 키우는 방법이라고 생각했던 것입니다.

MIP 기도 훈련을 받으며 '사랑의 하나님'을 새롭게 경험한 A집사님은 말씀에서 진짜 사랑이 무엇인지를 배웠습니다.

우리가 아직 죄인 되었을 때에 그리스도께서 우리를 위하여 죽으심으로 하나님께서 우리에 대한 자기의 사랑을 확증하셨느니라 _롬 5:8

죽기까지 집사님을 사랑하신 예수님의 사랑이야말로 진짜 사랑임을 깨달은 것입니다. 주님이 A집사님에게 이렇게 말씀하신 것만 같았습니다.

"나는 너를 위해 십자가에 매달렸고, 너를 위해 죽음에서 부활했단다. 나는 네가 무슨 짓을 해도, 어떤 잘못을 저질러도 너를 안아 주었고, 다독이며 위로해 주었다. 그런데 왜 너는 네 딸을 사랑한다 말하면서도 그 아이를 이해해 주지 않고, 안아 주지도 않는 것이냐? 네 딸을 위해 네 자존심을 죽일 수는 없단 말이냐?"

집사님은 즉시 "제가 엄마라는 이름으로 아이의 자존감을 짓밟고 있었음을 고백합니다. 용서해 주세요" 하고 잘못을 뉘우쳤습니다. 하지만 금세 똑같은 잘못을 되풀이하는 자신의 모습을 보고 낙담할 수밖에 없었지요.

그때 MIP 기도 훈련에서 죄를 고백하는 2단계를 통해 '용서하시는 하나님'을 만나게 되었습니다. 종이 위에 집사님의 죄를 적고, 찢어 버리면서 엄청 울었다고 합니다. 말씀 기도를 배우기 전에는 자기 생각과 감정대로 기도했다고 합니다. 그것은 기도라기보다는 욕심의 표현에 지나지 않았음을 깨달았습니다. 내 아이를 위한 최고의 기도는 하나님이 말씀하시고 약속하신 것들이 아이의 삶 속에서 그대로 이루어지기를 간구하는 것임을 깨달았노라고 집사님은 고백합니다.

"오늘도 저는 여전히 넘어지기를 반복합니다. 제 감정과 자아가 여전히 살아 꿈틀거리는 것을 느낍니다. 하지만 이제는 두렵지 않습니다. 물론, 제가 같은 죄를 반복하고, 같은 지점에서 거듭 무너질 때는 마음이 불편한 게 사실입니다. 하지만 말씀을 붙잡고 지속적으로 기도하면, 나의 연약함을 이겨 낼 수 있다는 믿음에 기대어 넘어질 때마다 기도의 자리를 찾곤 합니다."

비로소 집사님은 두 아이의 인생을 하나님께 맡겨 드릴 수 있게 되었습니다. 두 아이를 하나님께 온전히 맡기고, 집사님은 하나님의 말씀을 붙잡고 기도한다고 합니다.

"하나님이 아이의 인생 가운데 그 뜻을 이루어 가시는 것을 보며 은혜를 경험하겠습니다. 저는 아이의 인생을 좌지우지하는 엄마가 아니라 아이를 위해 기도하는 엄마입니다."

다음은 죄 고백에 도움이 되는 성경 구절들입니다. 말씀을 읽고 새기며 죄를 고백하기 바랍니다.

> 그런즉 거짓을 버리고 각각 그 이웃과 더불어 참된 것을 말하라 이는 우리가 서로 지체가 됨이라 분을 내어도 죄를 짓지 말며 해가 지도록 분을 품지 말고 마귀에게 틈을 주지 말라 도둑질하는 자는 다시 도둑질하지 말고 돌이켜 가난한 자에게 구제할 수 있도록 자기 손으로 수고하여 선한 일을 하라 무릇 더러운 말은 너희 입 밖에도 내지 말고 오직 덕을 세우는 데 소용되는 대로 선한 말을 하여 듣는 자들에게 은혜를 끼치게 하라 하나님의 성령을 근심하게 하지 말라 그 안에서 너희가 구원의 날까지 인치심을 받았느니라 너희는 모든 악독과 노함과 분냄과 떠드는 것과 비방하는 것을 모든 악의와 함께 버리고 서로 친절하게 하며 불쌍히 여기며 서로 용서하기를 하나님이 그리스도 안에서

너희를 용서하심과 같이 하라_엡 4:25-32

속에서 곧 사람의 마음에서 나오는 것은 악한 생각 곧 음란과 도둑질과 살인과 간음과 탐욕과 악독과 속임과 음탕과 질투와 비방과 교만과 우매함이니 이 모든 악한 것이 다 속에서 나와서 사람을 더럽게 하느니라_막 7:21-23

또한 그들이 마음에 하나님 두기를 싫어하매 하나님께서 그들을 그 상실한 마음대로 내버려 두사 합당하지 못한 일을 하게 하셨으니 곧 모든 불의, 추악, 탐욕, 악의가 가득한 자요 시기, 살인, 분쟁, 사기, 악독이 가득한 자요 수군수군하는 자요 비방하는 자요 하나님께서 미워하시는 자요 능욕하는 자요 교만한 자요 자랑하는 자요 악을 도모하는 자요 부모를 거역하는 자요 우매한 자요 배약하는 자요 무정한 자요 무자비한 자라 그들이 이 같은 일을 행하는 자는 사형에 해당한다고 하나님께서 정하심을 알고도 자기들만 행할 뿐 아니라 또한 그런 일을 행하는 자들을 옳다 하느니라_롬 1:28-32

육체의 일은 분명하니 곧 음행과 더러운 것과 호색과 우상 숭배와 주술과 원수 맺는 것과 분쟁과 시기와 분냄과 당 짓는 것과 분열함과 이단과 투기와 술 취함과 방탕함과 또 그와 같은 것들이라 전에 너희에게 경계한 것같이 경계하노니 이런 일을 하는 자들은 하나님의 나라를 유업으로 받지 못할 것이요_갈 5:19-21

음행과 온갖 더러운 것과 탐욕은 너희 중에서 그 이름조차도 부르지 말라 이는 성도에게 마땅한 바니라 누추함과 어리석은 말이나 희롱의 말이 마땅치 아니하니 오히려 감사하는 말을 하라 너희도 정녕 이것을 알거니와 음행하는 자나 더러운 자나 탐하는 자 곧 우상 숭배자는 다 그리스도와 하나님의 나라에서 기업을 얻지 못하리니 _엡 5:3-5

1~2단계 찬양 · 고백 훈련

①

1단계 찬양

▶ 이 말씀으로 하나님을 선포하고 찬양하겠습니다.

주는 선하사 사죄하기를 즐거워하시며/ 주께 부르짖는 자에게 인
자함이 후하심이니이다_시 86:5

주는 선하사 사죄하기를 즐거워하시며

1. 사죄하기를 즐거워하시는 선하신 하나님을 찬양합니다. 아멘!

2. 그렇습니다. 우리의 죄를 기꺼이 용서해 주시는 선하신 하나님을 찬양합
   니다. 아멘!

주께 부르짖는 자에게 인자함이 후하심이니이다

1. 주께 부르짖는 자에게 인자함을 후하게 베푸시는 하나님을 찬양합니다.
   아멘!

2. 그렇습니다. 후한 인자하심으로 부르짖음에 응답하시는 하나님을 찬양합
   니다. 아멘!

▶ 그런 하나님을 찬양합니다. 아멘!

2단계 고백

* 2단계 고백은 대화식으로 하지 않습니다.

> 우리가 죄를 품고 있으면 하나님은 우리 기도를 듣지 않으십니다. 이 시간은 조용히 침묵하는 가운데 우리의 죄를 고백하는 기도를 하겠습니다 (2-3분 소요).

"주는 선하사 사죄하기를 즐거워하시며"를 묵상하고 떠오르는 죄를 고백합니다.
- 사죄하기를 즐거워하시는 하나님을 온전히 신뢰하지 못하고 의심했던 죄를 용서하소서. 아멘!
- 그래서 하나님 앞에 나아가 나의 죄를 고백하지 못했던 것을 용서하소서. 아멘!

"주께 부르짖는 자에게 인자함이 후하심이니이다"를 묵상하고 떠오르는 죄를 고백합니다.
- 주는 인자하심이 후하신 분이신데 여전히 두려워서 나아가지 못하고 죄의 올무에 사로잡혀 있었던 저를 용서하소서. 아멘!
- 주의 그 후하신 인자하심을 누리지도 못하고 다른 사람들에게 나누지도 못한 죄를 용서하소서. 아멘!
- 선하시고 후하신 하나님의 성품을 닮아가고자 적극 노력하지 않았던 죄를 용서하소서. 아멘!

"만일 우리가 우리 죄를 자백하면 하나님께서는 신실하시고 의로우심으로 우리 죄를 용서하시고 모든 불의에서 깨끗하게 하신다고 하셨습니다. 이 말씀대로 우리 죄가 그리스도의 보혈로 깨끗하게 씻겨졌음을 믿습니다. 이제 우리를 온전히 다스리시고, 성령으로 충만케 하여 주시옵소서."

②

1단계 찬양

▶ **이 말씀으로 하나님을 선포하고 찬양하겠습니다.**

> 내 이름으로 일컫는 내 백성이/ 그들의 악한 길에서 떠나 스스로 낮추고 기도하여 내 얼굴을 찾으면/ 내가 하늘에서 듣고 그들의 죄를 사하고 그들의 땅을 고칠지라 _대하 7:14

내 이름으로 일컫는 내 백성이

1. 자격 없는 우리를 내 백성이라 일컬어 주신 하나님을 찬양합니다. 아멘!

2. 그렇습니다. 거룩하신 하나님의 백성으로 불러주시는 하나님을 찬양합니다. 아멘!

그들의 악한 길에서 떠나 스스로 낮추고 기도하여 내 얼굴을 찾으면

1. 악한 길에서 떠나 스스로 낮추고 기도하기를 기다리시는 하나님을 찬양합니다. 아멘!

2. 그렇습니다. 죄에서 돌이켜 겸손히 주님을 찾기까지 기다려 주시는 하나님을 찬양합니다. 아멘!

1. 우리의 기도를 들으시고 죄를 사하여 주사 새롭게 회복시키시는 하나님을 찬양합니다. 아멘!

2. 그렇습니다. 우리를 용서하실 뿐만 아니라 우리가 속한 땅까지도 회복시켜 주시는 하나님을 찬양합니다. 아멘!

▶ **그런 하나님을 찬양합니다. 아멘!**

2단계 고백

> 우리가 죄를 품고 있으면 하나님은 우리 기도를 듣지 않으십니다. 이 시간은 조용히 침묵하는 가운데 우리의 죄를 고백하는 기도를 하겠습니다 (2-3분 소요).

"내 이름으로 일컫는 내 백성이"를 묵상하고 떠오르는 죄를 고백합니다.

- 거룩하신 하나님의 이름으로 일컫는 백성 삼아 주신 은혜를 가볍게 여기고 감사하지 못했음을 용서하소서. 아멘!

- 또한 하나님의 이름으로 불리는 백성다운 삶을 살지 못했음을 용서하소서. 아멘!

"그들의 악한 길에서 떠나 스스로 낮추고 기도하여 내 얼굴을 찾으면"을 묵상하고 떠오르는 죄를 고백합니다.

- 악한 길인 줄 알면서도 합리화하며 그 길에서 바로 돌이키지 않았음을 용서하소서. 아멘!

- 스스로 낮추어 겸손하기보다 교만하여 내 뜻과 내 방식대로 살아왔음을 용
  서하소서. 아멘!
- 하나님을 간절히 찾지 않고 세상을 좇아가는 어리석음을 용서하소서. 아멘!
- 하나님보다 나를 도와줄 수 있는 사람들과 물질에 연연해하는 미련함과 불
  신을 용서하소서. 아멘!

  "내가 하늘에서 듣고 그들의 죄를 사하고 그들의 땅을 고칠지라"를 묵상하
고 떠오르는 죄를 고백합니다.
- 작은 죄에도 민감하게 반응하지 않고 죄를 죄로 인정하기 싫어했음을 용서
  하소서. 아멘!
- 내 유익에만 급급해 속한 공동체와 땅을 위해 기도하기를 소홀했음을 용서
  하소서. 아멘!
- 하나님을 찾고 구할 때 죄를 용서하시고 회복시켜 주심을 기대하지 않음으
  로 기도하기조차 게을리한 죄를 용서하소서. 아멘!

  "만일 우리가 우리 죄를 자백하면 하나님께서는 신실하시고 의로우심으
로 우리 죄를 용서하시고 모든 불의에서 깨끗하게 하신다고 하셨습니다. 이
말씀대로 우리 죄가 그리스도의 보혈로 깨끗하게 씻겨졌음을 믿습니다. 이
제 우리를 온전히 다스리시고, 성령으로 충만케 하여 주시옵소서."

③

1단계 찬양

▶ 이 말씀으로 하나님을 선포하고 찬양하겠습니다.

> 밤이 깊고 낮이 가까웠으니/ 그러므로 우리가 어둠의 일을 벗고/
> 빛의 갑옷을 입자_롬 13:12

밤이 깊고 낮이 가까웠으니

1. 어두운 세대에 빛 되신 주께로 가까이 가게 하시는 하나님을 찬양합니다.
   아멘!

2. 그렇습니다. 죄악으로 깊어지는 세상 속에서 우리를 빛의 자녀로 부르신
   하나님을 찬양합니다. 아멘!

그러므로 우리가 어둠의 일을 벗고

1. 죄로 얼룩진 행실을 버리게 하시는 하나님을 찬양합니다. 아멘!

2. 그렇습니다. 말씀으로 비추사 나의 죄 된 습관을 버리게 하신 하나님을 찬
   양합니다. 아멘!

빛의 갑옷을 입자

1. 날마다 빛의 갑옷을 입기 원하시는 하나님을 찬양합니다. 아멘!

2. 그렇습니다. 빛 된 하나님의 백성으로 세상을 이기기 원하시는 하나님을
   찬양합니다. 아멘!

▶ 그런 하나님을 찬양합니다. 아멘!

2단계 고백

우리가 죄를 품고 있으면 하나님은 우리 기도를 듣지 않으십니다. 이 시간은 조용히 침묵하는 가운데 우리의 죄를 고백하는 기도를 하겠습니다 (2-3분 소요).

"밤이 깊고 낮이 가까웠으니"를 묵상하고 떠오르는 죄를 고백합니다.

- 깊은 밤, 깊은 어두움의 때에 더욱 경각심을 가지고 깨어 있지 못한 죄를 용서하소서. 아멘!
- 밤 깊은 거리에서 방황하는 청소년들을 위해 적극 중보하지 못한 죄를 용서하소서. 아멘!

"그러므로 우리가 어둠의 일을 벗고"를 묵상하고 떠오르는 죄를 고백합니다.

- 때로 어둠이 익숙하여 그 속에 그대로 머물러 있기를 원했던 어리석음을 용서하소서. 아멘!
- 말씀으로 어둠을 몰아내지 못하고 오히려 그 어둠 속에서 낙심했던 죄를 용서하소서. 아멘!

"빛의 갑옷을 입자"를 묵상하고 떠오르는 죄를 고백합니다.

- 빛의 갑옷을 단단히 여미지 못해 힘없는 그리스도인으로 살았음을 용서하소서. 아멘!
- 빛의 갑옷 입는 일에 게으르고 나태하며 오히려 두려워하기까지 했던 죄를 용서하소서. 아멘!

"만일 우리가 우리 죄를 자백하면 하나님께서는 신실하시고 의로우심으로 우리 죄를 용서하시고 모든 불의에서 깨끗하게 하신다고 하셨습니다. 이 말씀대로 우리 죄가 그리스도의 보혈로 깨끗하게 씻겨졌음을 믿습니다. 이제 우리를 온전히 다스리시고, 성령으로 충만케 하여 주시옵소서."

④

1단계 찬양

▶ 이 말씀으로 하나님을 선포하고 찬양하겠습니다.

> 우리는 그리스도 안에서 그의 은혜의 풍성함을 따라/ 그의 피로 말미암아 속량 곧 죄 사함을 받았느니라_엡 1:7

우리는 그리스도 안에서 그의 은혜의 풍성함을 따라

1. 그리스도 안에서 우리에게 풍성한 은혜를 주신 하나님을 찬양합니다. 아멘!
2. 그렇습니다. 그 풍성한 은혜를 그리스도 안에서 얻게 하신 하나님을 찬양합니다. 아멘!

그의 피로 말미암아 속량 곧 죄 사함을 받았느니라

1. 그리스도 예수의 피로 우리의 죄를 속량하신 하나님을 찬양합니다. 아멘!
2. 그렇습니다. 우리의 죄를 사하사 자유하게 하신 하나님을 찬양합니다. 아멘!

▶ 그런 하나님을 찬양합니다. 아멘!

2단계 고백

우리가 죄를 품고 있으면 하나님은 우리 기도를 듣지 않으십니다. 이 시간은 조용히 침묵하는 가운데 우리의 죄를 고백하는 기도를 하겠습니다 (2-3분 소요).

"우리는 그리스도 안에서 그의 은혜의 풍성함을 따라"를 묵상하고 떠오르는 죄를 고백합니다.

- 하나님의 풍성한 은혜로 우리를 구원해 주셨음에도 감사를 곧잘 잃어버리는 죄를 용서하소서. 아멘!
- 가장 귀한 아들을 내어 주사 값없이 그 큰 은혜를 받았는데 나는 하나님께 나의 작은 것도 아끼고 인색하게 구는 죄를 용서하소서. 아멘!

"그의 피로 말미암아 속량 곧 죄 사함을 받았느니라"를 묵상하고 떠오르는 죄를 고백합니다.

- 예수 그리스도의 피로 내 모든 죄를 속량 받았음에도 자주 죄책감과 죄의식에 사로잡혀 그것을 마음껏 누리지도 못하고, 또 베풀지도 못하는 죄를 용서해 주세요. 아멘!

"만일 우리가 우리 죄를 자백하면 하나님께서는 신실하시고 의로우심으로 우리 죄를 용서하시고 모든 불의에서 깨끗하게 하신다고 하셨습니다. 이 말씀대로 우리 죄가 그리스도의 보혈로 깨끗하게 씻겨졌음을 믿습니다. 이제 우리를 온전히 다스리시고, 성령으로 충만케 하여 주시옵소서."

3. 감사

감사의 능력을 믿고 감사하라. 감사에는 메아리 효과가 있다. 감사하면 감사한 대로 이루어진다.

-찰스 스펄전

하나님이 어떤 분이신지에 초점을 맞추어 찬양하고, 하나님과의 교제를 방해하는 모든 죄를 고백하고 나면 그 다음은 감사의 단계입니다. 막혔던 것을 뚫으면 물이 콸콸 솟아 나오듯이 우리 마음을 얽매고 있던 죄로부터 자유를 얻으면 감사는 자연스레 흘러나옵니다.

우리를 둘러싼 상황이 변하지 않았음에도 감사가 흘러나왔다면 우리의 초점이 주께로 향했기(1단계 찬양) 때문입니다. 조건과 상황이 자기 생각대로 흘러야만 감사한다면 아마도 우리는 원망과 불평의 삶을 살기가 더 쉬울 것입니다. 그러므로 살면서 감사를 잃어버리지 않으려면 하나님께 초점을 맞춰야 합니다. 그럴 때 온전히 회개할(2단계 고백) 수 있고 우리 안에 감사가 회복됩니다. 그러므로 감사는 내가 그리스도인이라는 가장 큰 증거입니다.

> 그러므로 너희가 그리스도 예수를 주로 받았으니 그 안에서 행하되 그
> 안에 뿌리를 박으며 세움을 받아 교훈을 받은 대로 믿음에 굳게 서서
> 감사함을 넘치게 하라_ 골 2:6-7

바울은 "감사함을 넘치게 하라"고 합니다. 억지로 짜내는 감사가
아니라 넘치는 감사의 삶을 살라는 것입니다. 믿음을 가진 자들이 마
땅히 보여야 할 모습입니다. 어떻게 하면 넘치는 감사의 삶을 살 수
있을까요?

내 삶의 주인이 누구인가를 알아야 감사의 삶을 살 수 있습니다.
내가 주인이 되어 모든 것을 책임지고 스스로 해내야 한다면 삶이 얼
마나 힘들겠습니까! 나의 힘으로는 넘치는 감사의 삶을 살 수가 없습
니다. 그러나 성경은 "너희가 그리스도 예수를 주로" 받았다고 말합
니다. 예수님이 주인이신 삶은 다릅니다. 내 걱정과 염려가 예수님의
몫이 됩니다. 그러므로 예수님 안에 깊이 뿌리 내릴수록 넘치는 감사
의 삶을 살 수 있게 됩니다. 예수 그리스도야말로 감사의 가장 근본
적이고 핵심적인 동기라고 하겠습니다.

우리는 구원받은 한 가지 사실만으로도 평생 감사하며 살아야 할
사람들입니다. 그래서 내가 원하는 대로 일이 풀리지 않아도 감사할
수 있습니다. 믿음의 관점에서 바라보기 때문입니다. 믿음과 감사는
떼려야 뗄 수 없는 관계입니다. 성경도 "믿음에 굳게 서서 감사함을

넘치게 하라"고 말씀합니다.

믿음이 없어도 되는 감사는 어떤 감사입니까? 좋은 조건, 환경, 결과로 인해서 감사하는 것입니다. 그것들이 사라지면 할 수 없는 일시적 감사입니다. 일반적으로 세상 사람들이 하는 감사입니다. 하지만 믿음을 가져야만 하는 감사가 있습니다. 어려운 환경, 말이 안 되는 상황, 실패의 자리에서 하는 감사입니다. 세상 사람들은 그럴 때 주저앉아 버리지만 우리는 다릅니다. 선하신 하나님을 신뢰하기 때문입니다. 그래서 감사는 우리 그리스도인의 신앙을 측정할 수 있는 바로미터가 됩니다. 고백이 개인의 내면에서 이루어지는 것이라면 감사는 삶 전반에 드러납니다. 감사는 영향력입니다.

무엇을 감사하는가

감사는 고마운 마음을 표현하는 것입니다. 우리는 가까운 사람들에게 더 인색합니다. 감사를 꼭 말로 해야만 아느냐는 생각 때문입니다. 다양한 이유로 우리는 충분히 감사하지 못하고 삽니다. 마찬가지로 하나님께 감사하는 것에서도 우리는 많이 부족합니다. 그래서 감사는 일상 속에서 훈련해야 합니다. 여러분은 최근 하나님께 무엇에 대해 감사하셨나요?

첫째, 범사에 대하여 하나님께 감사합니다.

> 범사에 우리 주 예수 그리스도의 이름으로 항상 아버지 하나님께 감사
> 하며 _엡 5:20

"범사"에 "항상" 감사하라는 말은 모든 일에 언제나 변함없이 감사하라는 의미입니다. 사실 인간의 본성은 원망과 불평하기가 더 쉽습니다. 우리 안의 죄성은 하나님 아닌 자신에게로 늘 시선을 돌리게 합니다. 자신을 묵상하고 있노라면 이것도, 저것도 필요하고 온통 부족한 것만 눈에 들어오기 마련입니다. 그러니 자연스레 다른 사람과 비교하며 원망, 불평이 나오는 것입니다. 원망, 불평의 뿌리는 불신입니다. 결국 파괴와 멸망으로 우리를 이끌 뿐입니다.

이스라엘 백성들이 광야에서 40년 동안 유리방황하다 죽어간 이유가 무엇입니까? 가나안을 정탐하고 돌아온 후 여호수아와 갈렙을 제외한 열 사람은 그 정탐한 땅을 악평하였습니다(민 13:32). 그들이 본 것은 하나님이 약속하신 가나안의 풍요로움 대신에 그 땅의 강한 거주민들과 견고하고 심히 큰 성읍이었습니다. 저들의 보고는 일순간에 이스라엘 온 공동체를 불평과 불신의 덩어리로 만들고 말았습니다.

범사에 항상 감사하려면 "우리 주 예수 그리스도의 이름으로" 감사해야 합니다. 예수 그리스도를 의지할 때 우리의 본성을 뛰어넘을 수 있습니다. 주께서 육신의 한계를 꺾고 승리하셨기에 우리를 도우실 수 있습니다. 전적으로 주를 의지하며 겸손히 도우심을 구함으로 범사에 감사의 삶을 살아야겠습니다.

둘째, 하나님이 행하신 일에 대하여 감사합니다. 그가 주권적으로 행하신 것들에 대한 감사입니다. 자연을 바라보며 이 모든 만물을 창조하신 하나님을 떠올릴 때에 우리는 감사할 수 있습니다. 때를 따라 비와 눈을 내리시고 햇빛을 비추사 싹이 나고 자라 열매 맺게 하시는 분은 하나님이십니다. 매일 마시는 물, 공기 등은 우리의 생명과 직결되어 있지만 그 소중함을 잊고 삽니다. 오늘도 여전히 하나님은 우리 모두에게 당신의 성품을 따라 풍성히 베풀어 주고 계심을 기억해야 합니다. 겉으로는 모든 인간사가 우리 뜻대로 흘러가는 것 같지만 배후에서 선하신 당신의 뜻대로 모든 것을 움직이시는 분은 하나님이십니다.

> 너희는 여호와께 감사하며 그의 이름을 불러 아뢰며 그가 행하신 일을
> 만민 중에 알릴지어다_대상 16:8

감사는 하나님이 행하신 일을 사람들에게 알리고, 전하는 것입니다. 하나님은 우리의 감사를 사람들이 듣고 전능하신 그 이름을 알게 되길 원하십니다. 저들이 우리의 입술을 통해 그 행하신 일을 듣게 될 때 하나님께서 영광 받으실 줄 믿습니다.

셋째, 하나님이 베풀어 주신 구체적인 복과 기도 응답에 대하여 감사합니다. 하나님이 우리에게 베풀어 주신 복에는 어떤 것들이 있습니까?

> 여호와의 인자하심과 인생에게 행하신 기적으로 말미암아 그를 찬송
> 할지로다_시 107:8

시편 기자는 인생에게 행하신 기적으로 인해 하나님께 감사 찬송

하고 있습니다. 죄와 사망의 권세 아래 묶여서 도무지 헤어 나올 수 없었던 우리를 독생자 예수 그리스도의 죽음과 부활을 통해 건져 주시고 살려 주신 것이 기적 아니고 무엇이겠습니까! 우리에게 놀라운 구원의 기적을 베푸신 하나님께 감사합니다!

우리 삶을 둘러보면 이미 우리에게 주어진 것들이 참 많습니다. 매일 매 순간 하나님의 돌보심과 보호하심 아래 살고 있다는 것은 너무도 큰 감사입니다. 잘 먹고 잘 자고, 별일 없이 잘 지내는 평범한 일상이 감사합니다. 아침이면 각자 학교로, 일터로 나갔다가 날이 저물면 다시 집으로 돌아와 저녁 식사를 나누며 하루의 고된 삶을 두런두런 나눌 수 있는 가족이 있음에 감사합니다.

코로나 사태를 겪으면서 우리는 매일 반복되는 평범한 일상이 얼마나 감사한지를 절감했습니다. 과학이 발달하고, 인류 문명이 눈부시게 발전했어도 눈에 보이지 않는 바이러스 하나 때문에 꼼짝 못하는 연약한 존재가 바로 우리입니다. 감사는 저절로 되지 않습니다. 누가 봐도 부유하고 멋진 집에서 살면서도 감사하지 않을 수 있습니다. 반면에 사업도 실패하고, 갑자기 암에 걸리는 등 설상가상인 상황에서도 감사가 흘러넘치는 사람이 있습니다. 감사는 조건이 아니라 의지적인 선택이며, 구체적인 말과 행동으로 표현되는 것입니다.

> 곧 여호와의 일들을 기억하며 주께서 옛적에 행하신 기이한 일을 기억하리이다 또 주의 모든 일을 작은 소리로 읊조리며 주의 행사를 낮은 소리로 되뇌이리이다 _시 77:11-12

때로 우리는 내가 기도한 것을 잊어버릴 때가 있습니다. 그러면 기도한 것에 대해 하나님께서 이루어 주셔도 감사할 수 없게 됩니다. 하나님은 우리 기도를 잊지 않으시고 하나님의 때에 응답해 주십니다. 그러니 우리도 기도 노트를 쓰는 습관을 가지는 것이 좋습니다. 그래야 여호와의 일들을 기억하며 그 행하신 일들에 대해 감사할 수 있습니다.

자녀의 존재만으로도 감사하라

성경은 "자식들은 여호와의 기업이요 태의 열매는 그의 상급"(시 127:3)이라고 말합니다. 자녀는 하나님이 우리에게 주신 기업이요 선물이라는 뜻입니다. 자녀가 무엇을 잘해야만 기뻐하고 감사할 게 아니라 자녀의 존재만으로도 기뻐하며 감사하는 부모가 되어 보십시오.

자녀에게 "네가 우리 딸(아들)이어서 감사해. 네가 공부를 잘하든 못하든, 말썽을 피우든 안 피우든 상관없어. 하나님이 너를 우리에게 보내 주신 것만으로도 감사하단다"라고 말해 주십시오. 자녀는 하나님이 우리를 믿고 맡겨 주신 기업이니 잘 양육하는 것이 부모 된 우리의 책임이요 의무입니다.

사람은 취급하는 대로 된다는 말이 있습니다. 자녀를 대하는 내 모습이 저들의 미래에까지 영향을 끼칩니다. 바보 온달과 평강공주의 얘기를 아실 겁니다. 귀하게 대하고 존중하면 귀하고 존중받는 사람이 됩니다. 그러므로 지금의 부족한 모습만 볼 것이 아니라 앞으로 하나님의 손에 의해 변화될 모습을 바라볼 수 있어야 합니다. 하나님이 무슨 일을 행하실지 우리는 알 수 없습니다. 엄마가 자녀들을 보면서 "하나님이 널 어떻게 이끌어 가실지 기대가 된다"고 말할 때 저들 또한 하나님이 하실 일에 대한 기대감으로 채워질 것입니다.

> 오늘 내가 네게 명하는 이 말씀을 너는 마음에 새기고 네 자녀에게 부지런히 가르치며 집에 앉았을 때에든지 길을 갈 때에든지 누워 있을 때에든지 일어날 때에든지 이 말씀을 강론할 것이며 너는 또 그것을 네 손목에 매어 기호를 삼으며 네 미간에 붙여 표로 삼고 또 네 집 문설주와 바깥문에 기록할지니라 _ 신 6:6-9

이 말씀은 자녀 양육에 있어서 무엇을 우선으로 붙들어야 할지를 우리에게 분명히 알려 줍니다. 자녀의 마음속에 하나님의 말씀을 심어 주는 것이 중요합니다. 말씀을 소중히 여기는 부모의 모습을 보면 자녀들도 소중히 여길 것입니다. 부모가 말씀에 부지런하면 자녀들도 부지런하기가 훨씬 쉬울 것입니다. 자녀들은 우리의 말이 아니라 태도를 보며 배웁니다. 말씀이 우리 가정의 중심에 놓이도록 힘써야 합니다. 말씀이 중심이 될 때 관계 속에 문제가 생기더라도 회복이 빠릅니다. 모든 것이 은혜의 사이클 안에서 돌아갑니다. 그럴 때 자녀는 물론이요 부모 또한 건강한 자존감을 갖게 되고 서로가 온전히 소통할 수 있습니다.

감사해야 할 다섯 가지 이유

> 항상 기뻐하라 쉬지 말고 기도하라 범사에 감사하라 이는 그리스도 예수 안에서 너희를 향하신 하나님의 뜻이니라 _살전 5:16-18

첫째, 감사는 하나님의 뜻입니다.

"항상", "쉬지 말고", "범사에"란 말은 '단 한 순간도 예외 없이'라는 의미입니다. "항상… 쉬지 말고… 범사에…" 우리가 할 일은 무엇입니까? '기뻐하며 기도하고 감사하는' 것입니다. 왜냐하면 그렇게 하는 것이 "그리스도 예수 안에서" 우리를 향하신 "하나님의 뜻"이기 때문입니다.

그런데 범사에 감사하기가 정말 힘듭니다. 모든 일에, 모든 순간에 감사의 삶을 살 수 있게 하는 것은 우리가 그리스도 예수 안에 있을 때뿐이라는 사실을 말씀을 통해서 알 수 있습니다. 그러므로 '나는 모든 일에 감사하며 살겠습니다, 주여 도와주옵소서'라는 결단과 함께 감사가 우리 삶의 태도가 되도록 힘써야겠습니다.

둘째, 감사는 명령입니다.

> 기도를 계속하고 기도에 감사함으로 깨어 있으라 _골 4:2

성경은 우리에게 "범사에 감사하라"(살전 5:18)는 말씀과 함께 "감사함으로 깨어 있으라"고 명령합니다. 왜 명령을 합니까? 해도 되고 안

해도 되는 게 아니라 반드시 순종해야 하기에 명령으로 주신 것입니다. 알고 보면 찬양도, 고백도 명령입니다(시 113:1; 레 5:5). 모두 우리의 영이 사느냐 죽느냐와 연결됩니다.

감사는 깨어 있음에 필수요소입니다. 상황에 사로잡히지 않고 그 시선을 오롯이 하나님께로 향하는 믿음의 행위이기 때문입니다. 힘든 일은 누구에게나 있습니다. 문제를 바라보면 감사할 수 없습니다. 오히려 두려움과 의심이 생길 뿐입니다. 사탄과의 영적 전쟁에서 기도로 깨어 있으려면 반드시 감사가 동반되어야 합니다.

셋째, 감사는 하나님을 영화롭게 합니다.

> 감사로 제사를 드리는 자가 나를 영화롭게 하나니 그의 행위를 옳게 하는 자에게 내가 하나님의 구원을 보이리라_ 시 50:23

하나님은 우리가 감사하는 것을 너무도 기뻐하시며 그것을 통해 영광을 받으십니다. 또한 감사를 옳은 행위로 보시고 감사하는 자에게 "하나님의 구원을 보이리라" 약속하십니다. 여기서 '구원'이 무엇입니까? 우리가 지금 처해 있는 상황, 문제로부터의 구원입니다. 구원에는 과거적 의미, 현재적 의미, 미래적 의미가 있습니다. 우리는 예수 그리스도를 믿고 구원받은 하나님의 백성입니다. 이미 구원받았다는 뜻에서 과거적 의미라 할 수 있습니다. 또한 구원받은 자로서 매일매일 우리가 이루어 가야 할 구원이 있습니다.

갓난아기들같이 순전하고 신령한 젖을 사모하라 이는 그로 말미암아
너희로 구원에 이르도록 자라게 하려 함이라_벧전 2:2

"구원에 이르도록" 자란다는 것은 믿음의 성숙을 의미합니다. 날마다 깨어서 말씀을 읽고 기도하며 문제와 상황 앞에서도 흔들림 없이 주를 신뢰하는 자로 자라가는 성화의 과정이 구원의 현재적 의미입니다. 그리고 장차 우리가 하나님 앞에 서는 날, 마침내 구원이 완성될 것입니다. 이것이 구원의 미래적 의미입니다.

감사는 매일의 삶 속에서 우리를 구원으로 이끄는 지름길입니다. 우리가 감사할 때 하나님은 더 큰 감사의 제목들을 주십니다. 작은 감사가 큰 감사를 낳습니다. 우리가 하나님의 은혜를 기억하고 감사할 때 사람들은 그 이유를 물을 것입니다. 우리의 감사가 주변에 선한 영향을 끼치고, 그것을 통해 하나님이 영광을 받으십니다.

누가복음에는 병을 고침받은 나병환자 이야기가 나옵니다.

예수께서…한 마을에 들어가시니 나병환자 열 명이 예수를 만나 멀리서 소리를 높여 이르되 예수 선생님이여 우리를 불쌍히 여기소서 하거늘 보시고 이르시되 가서 제사장들에게 너희 몸을 보이라 하셨더니 그들이 가다가 깨끗함을 받은지라 그 중의 한 사람이 자기가 나은 것을 보고 큰 소리로 하나님께 영광을 돌리며 돌아와 예수의 발아래에 엎드리어 감사하니 그는 사마리아 사람이라 예수께서 대답하여 이르시되 열 사람이 다 깨끗함을 받지 아니하였느냐 그 아홉은 어디 있느

냐 이 이방인 외에는 하나님께 영광을 돌리러 돌아온 자가 없느냐 하시고 그에게 이르시되 일어나 가라 네 믿음이 너를 구원하였느니라 하시더라_눅 17:11-19

나병환자들은 예수님이 병을 고쳐 주실 줄 믿었기에 소리를 높여 주님을 불렀습니다. 예수님은 그들에게 제사장에게 가서 너희 몸을 보이라 하셨습니다. 14절 이후에 보면 그들이 제사장에게 가다가 깨끗해진 것을 알 수 있습니다. 고침받고 간 게 아니라 가다가 고침받은 것입니다. 그들이 믿음으로 순종했을 때 질병이 낫는 복을 얻었습니다. 가만있을 때 응답받는 게 아닙니다. 믿고 나아갈 때 응답받습니다. 우리 인생도 많은 부분 그렇습니다. 걸어가다가 응답되었음을 느끼는 때가 있습니다.

그런데 그들 중 한 명, 사마리아 사람만이 "큰 소리로 하나님께 영광을 돌리며 돌아와" 예수의 발아래에 엎드려 감사했습니다. 믿음 생활을 하다 보면 하나님의 축복이나 기적을 맛보게 됩니다. 그런데 하나님의 축복과 은혜를 체험한 후에 감사함으로 또다시 은혜의 길을 열어 가는 사람이 있는가 하면, 축복과 은혜를 받은 것으로 끝내는 사람이 있습니다. 예수님께 고침을 받은 나병환자 열 명 중에 아홉이 그랬고, 단 한 명만이 예수님께 돌아와 감사를 드렸습니다. 그 결과, 감사를 한 사마리아 사람은 구원을 얻었고, 나머지 아홉은 얻지 못했습니다.

감사는 놀라운 은혜를 베풀어 주신 하나님께로 돌아오는 것입니다. 감사가 인생을 바꾸고 감사가 있는 곳에는 반드시 기적이 있습니다. 기적이 감사를 일으키지만, 감사 또한 기적을 일으킵니다. 복음서에 나오는 오병이어의 기적이 그것입니다.

> 예수께서 떡 다섯 개와 물고기 두 마리를 가지사 하늘을 우러러 축사하시고(=He gave thanks) 떡을 떼어 제자들에게 주어 사람들에게 나누어 주게 하시고 또 물고기 두 마리도 모든 사람에게 나누시매 다 배불리 먹고_막 6:41-42

"하늘을 우러러 축사하시고"는 감사 기도 하셨다는 뜻입니다. 그리고 사람들에게 나누어 주셨는데 다 배불리 먹고 남은 것이 열두 바구니가 되었습니다. 아무리 작은 것이라도 우리가 감사할 때 하나님은 놀랍게 일하십니다.

넷째, 감사는 하나님의 성품에 초점을 맞추도록 도와줍니다. 감사는 현재의 고통과 문제가 아니라 약속하신 바를 이루시는 신실하신 하나님을 바라보게 합니다.

> 할렐루야, 내가 정직한 자들의 모임과 회중 가운데에서 전심으로 여호와께 감사하리로다 여호와께서 행하시는 일들이 크시오니 이를 즐거워하는 자들이 다 기리는도다_시 111:1-2

시편 기자는 "정직한 자들"이 모여 "여호와께서 행하시는 일들"을 기렸다고 말합니다. 무엇을 기린다는 것은 뛰어난 업적이나 위대한 사람을 칭찬하고 기억한다는 뜻인데, 표준새번역은 "다 기리는도다"를 "모두 깊이 연구하는구나"로 번역했습니다. 감사에도 깊은 묵상이 필요하다는 의미입니다.

감당하기 어려운 문제에 부딪혔을 때는 도무지 감사하기가 어렵습니다. 그래도 '하나님이 왜 내게 이런 일을 허락하셨을까?' 하고 한 번 생각해 보길 바랍니다. 지금 나를 어렵게 만드는 문제가 아닌 선하신 하나님을 바라보고 묵상해 보십시오.

문제는 묵상할수록 점점 더 크게 보이고, 우리와 하나님 사이를 막아 하나님을 볼 수 없게 만듭니다. 하지만 하나님을 묵상하면 하나님이 더욱 커 보입니다. 더 이상 문제가 크게 보이지 않게 됩니다. 하나님을 온전히 신뢰함으로 잠잠히 기다려 보시기 바랍니다. 혹시 회개할 죄가 있다면 회개하십시오. 어느새 사건이 달리 보이기 시작할 것입니다.

사건보다 중요한 것은 사건에 대한 반응과 해석입니다. 즉, 고난보다 중요한 것은 고난에 대한 반응입니다. 신실하신 하나님을 믿는 자는 감사로 반응할 것입니다. 그래서 감사는 믿음과 직결됩니다. 고통 속에서 울부짖는 것은 자연스러운 반응입니다. 그러나 힘들어 죽을 것 같은 상황 속에서도 감사한다는 것은 하나님이 이미 그 문제를 해결해 주셨음을 믿고 있음을 드러내는 것입니다. 상황에 함몰되지 않고 승리하는 비결은 감사에 달렸습니다. 감사는 신앙의 절정입니다.

무엇보다 가치 있는 감사는 고통 가운데 드리는 감사입니다. 절망적인 상황에서도 감사할 수 있는 사람은 소망을 놓치지 않습니다. 상황에 휘둘리지 않고, 오히려 상황을 다스립니다. 이것이 승리의 삶을 사는 비결입니다.

다섯째, 감사는 마음에 하나님의 평강을 부어 줍니다.

> 아무것도 염려하지 말고 다만 모든 일에 기도와 간구로 너희 구할 것을 감사함으로 하나님께 아뢰라 그리하면 모든 지각에 뛰어난 하나님의 평강이 그리스도 예수 안에서 너희 마음과 생각을 지키시리라_빌 4:6-7

"아무것도… 다만 모든 일에"는 "전혀 염려하지 마라. 불평하지 말고 감사하며 기도하라"는 의미입니다. 어떤 상황에도 감사함으로 하나님께 나아갈 때, "모든 지각에 뛰어난 하나님의 평강이" 우리 "마음과 생각을" 지키실 것입니다.

어떻게 하면 자녀에게 올바른 신앙을 계승해 줄 수 있을까요? 그것은 우리 입에 달려 있습니다. 말이 곧 신앙이기 때문입니다. 요즘은 마음과 생각을 세상에 뺏기고 살아가는 사람들이 너무도 많습니다. 마음과 생각의 울타리가 무너져 버렸습니다. 온갖 음란과 부정과 사욕과 악한 정욕이 우리 안에 자꾸 들어옵니다. 분함과 노여움과 악의와 비방과 부끄러운 말들과 거짓이 우리 입술에 가득합니다.

하나님은 우리가 세상에 마음과 생각을 뺏기길 원치 않으십니다. 무엇보다 우리를 둘러싼 상황이나 문제들 때문에 무너지지 않기를 바라며 기대하십니다.

마음과 생각에 있는 것이 입으로 표현됩니다. 또 입의 말이 마음과 생각에 영향을 줍니다. 이처럼 마음과 생각은 말과 연결되어 있습니다. 감사는 눈앞의 상황에 두려워하거나 떨지 않고 오직 하나님만 의지하고 있음을 드러내는 것입니다. 하나님이 앞으로 하실 일을 기대하며 기다리는 자의 믿음은 감사로 나타납니다. 너무나 빨리 변하는 세상에서 요동치 않는 믿음의 삶을 살 수 있는 비결이 무엇일까요? 바로 감사입니다. 이것을 자녀에게 가르쳐 주어야 합니다. 부모는 자녀의 거울입니다. 감사하는 입술, 감사하는 삶으로 자녀에게 본을 보이는 부모가 되기를 바랍니다.

감사 훈련, 이렇게 하라

첫째, 감사하기로 결단하십시오. 어떤 상황에서도 불평과 원망보다는 감사를 선택하겠다는 의지적 결정을 해야 합니다. 감사는 저절로 하기 어렵기에 의지적 결단이 필요합니다.

아이들은 "우리 엄마는 내가 성적을 잘 받아 오면 감사하고, 못 받아 오면 화를 내요"라고 자주 이야기합니다. 엄마가 감사할 일이 있을 때만 감사한다는 사실을 아이들도 안다는 뜻입니다. 좋은 일에만 감사한다면 세상 엄마들과 다를 바가 없습니다. 그런 감사는 쌓아 봤자 결국에는 바벨탑처럼 무너지고 맙니다.

일반적으로 불평의 파급 효과는 감사보다 크다고 합니다. 부정적 감정은 긍정적 감정보다 더욱 강력하지요. 만약 엄마가 불평한다면 온 집안이 삽시간에 부정적 감정에 휩싸이게 됩니다. "엄마가 이렇게 참아 주고 있으면 넌 더 잘하려고 해야 할 거 아냐?" "너 뭐가 부족해? 뭐가 맘에 안 들어? 엄마가 못 해 주는 게 뭐야? 말해 봐!" 이렇게 말할 때 엄마의 부정적인 감정이 자녀에게 그대로 전달됩니다.

반대로 엄마가 아주 작은 것에도 감사하고 행복해한다면 아이들도 행복해할 것입니다. 감사하라는 잔소리를 하지 않아도, 자연히 감사하게 될 것입니다.

잔소리로 잘되는 법이 없습니다. 잔소리하지 않는 비결이 무엇입니까? 모든 권리와 주장, 기대를 내려놓고, 말없이 십자가를 지신 주 예수 그리스도를 바라보는 것입니다.

자녀가 다른 아이들보다 낫거나 뭘 잘해서가 아니라 존재로 인해 감사하고, 풍족해서가 아니라 모자라도 감사할 줄 안다면 그 감사는 가정 안에 흘러가 큰 영향력을 끼치게 됩니다. 가족을 향한 사랑과 기도는 바로 감사하는 삶을 통해 드러납니다.

신앙의 가치는 값으로 매길 수 없는 정말 소중한 것입니다. 상황이나 조건에 흔들림 없이 매사에 감사가 가득한 신앙이야말로 자녀들에게 물려줄 최고의 유산입니다.

감사하기로 결단했다면 순종해야 합니다. 먼저 입술의 훈련을 합시다. "우리는 왜 이 모양, 이 꼴입니까?" 하지 말고, "하나님 그렇게 해 주셔서 감사합니다" 선포하면 됩니다.

감사는 훈련입니다. 내가 생각하는 기대치나 조건에 충족되는 것만 찾으려 하지 말고, 아이의 존재 자체, 그리고 하나님이 자녀에게 주신 귀한 은사와 축복들을 찾아봅시다. 무엇보다 내 아이를 바라보고 계시는 하나님의 관점을 가지려 노력한다면 감사거리는 언제나 있습니다.

둘째, 대충 감사하지 말고 구체적으로 감사하십시오. 사람들은 표현하지 않으면 모릅니다. 물론 하나님은 모르는 게 없으시지만 감사를 표현할 때 더욱 풍성해집니다. 감사는 새로운 세계를 여는 능력입니다. 하나님은 물론이고 식구들에게도 감사하다고 말해 보십시오. 표현할수록 신기하게도 더 많은 감사가 나오게 됩니다. 좀 쑥스러워도 감사를 표현해 봅시다.

"여보, 당신과 함께여서 너무 감사해요!"

"아무래도 나는 최고의 남편을 만난 것 같아요."

"얘들아, 난 너희들의 엄마라는 것이 너무 감사하구나!"

감사는 서로의 마음을 기쁘게 합니다. 감사의 결과가 좋으니까, 그 때문에 또 감사하게 됩니다. 감사가 습관이 되도록 일상에 감사하십시다.

자녀에게 베푸실 하나님의 큰 은혜를 보고 싶다면, 이렇게 해 보십시오. 자녀와 관련해 감사할 거리 100가지를 찾아 구체적으로 써 보는 것입니다. 장점과 좋은 것만 쓰지 말고 그럼에도 불구하고 감사한 것이 무엇인지 찾아서 적어 보십시오. 부족하게만 보이던 자녀가 얼마나 완전하고 아름다운 하나님의 작품인가를 새삼 발견하게 될 것입니다.

셋째, 범사에 감사하십시오. 큰 응답이건, 작은 응답이건 모두 감사하고, 축복의 때, 시험의 때 가리지 않고 모두 감사하십시오.

또 무엇을 하든지 말에나 일에나 다 주 예수의 이름으로 하고 그를 힘
입어 하나님 아버지께 감사하라_ 골 3:17

'기도하는 엄마들' 모임에서 만난 B집사님의 이야기를 들려드리겠
습니다.

B집사님은 별 부족함 없이 사는 분이었습니다. 남편의 사업도 잘
되고, 자신도 건강하여 교회를 열심히 섬겼습니다. 그러나 한 가지,
자녀들이 열심히 신앙생활을 하지 않아 마음에 부담이었습니다. 그
래서 항상 자녀들을 위해 기도하고 있었지요. 그런데 어느 날, 아들
이 길을 가다가 공사 현장을 지나게 되었는데 갑자기 위에서 무거운
건축자재가 떨어져 아들을 덮쳤습니다.

당시 대학교에 다니고 있던 20대 초반의 아들이 하루아침에 하반
신 마비가 되어 버린 큰 사고였습니다. 꼼짝 못하고 병원에 누워 있
는 아들을 보면서 하늘이 무너지는 것 같은 고통을 느꼈습니다. 누군
들 그렇지 않겠습니까?

정신을 놓고 아무것도 하지 못하고 있을 때 함께 다니던 집사님,
권사님들이 이분을 말씀기도학교에 데리고 왔습니다. 기도가 막혀서
아무것도 할 수 없었던 B집사님은 말씀으로 기도하는 MIP 훈련을 받
으면서 조금씩 회복해 갔습니다. 그리고 말씀에 근거한 기도의 4단
계, 찬양, 고백, 감사, 중보를 배우며 마음을 추스르고 정신을 가다듬

었습니다.

B집사님은 말씀이 자신의 영혼을 절망으로부터 다시 끄집어 올리고 살리는 경험을 했습니다. 그러고 나니 사건을 바라보는 관점이 달라졌습니다. 당장은 이해되지 않지만 하나님은 선하신 분이시고, 이 모든 일의 끝에는 가장 선한 결과가 기다리고 있을 것이라는 믿음이 생겼습니다. 어느새 원망이 감사로 바뀌었지요. 참으로 놀라운 변화였습니다. 아니 그 자체가 기적이었습니다.

아들은 여러 번의 수술과 수많은 치료를 받으면서 조금씩 나아졌지만, 여전히 하반신을 쓸 수 없고, 휠체어를 의존하며 생활하게 되었습니다. 그동안 참으로 고비가 많았지만 B집사님은 그때마다 말씀을 붙들고 기도합니다.

당장 자기가 원하는 대로 이루어지거나 채워지지 않아도 상황에 휘둘리지 않고 평강을 누리며, 감사하는 삶을 살게 되었습니다. 이렇게 변화되어 가는 엄마의 기도로 아들도 고통의 시간을 통해 하나님을 만나고 은혜를 깊이 체험해 가고 있습니다.

그 누구도 감사하는 자를 이기지 못합니다. 아무리 세상이 흉흉해도 감사하는 자를 당할 수가 없습니다. 감사로 승리의 삶을 살기를 원합니다.

3단계 감사 훈련

하나님의 응답하심에 감사하는 훈련을 해 보려고 합니다. 요즘 우리나라 고3 학생들은 주일도 없이 지내는 경우가 허다합니다. 매일 늦은 밤에 귀가하고 또 새벽 일찍 나가는 것도 모자라 주말에도 학원에 가는 일이 많습니다. 교회 직분자 중에도 주일에 자녀를 교회보다는 학원에 보내는 경우가 꽤 있지요.

각각 고등학생과 대학생을 자녀로 둔 두 엄마의 짝 기도를 들어보겠습니다. 먼저, 은지 엄마(1)의 기도에 혜민 엄마(2)가 동의하는 기도를 드립니다.

1. 은지가 주일을 거룩히 지킴을 감사합니다. 아멘.
2. 그렇습니다. 고등학생이라 공부할 것이 많을 텐데 주를 위해 온전히 주일을 보냄을 감사합니다. 아멘!

1. 은지가 주일을 자기 것이 아닌 하나님의 것으로 고백함에 감사합니다. 아멘!
2. 그렇습니다. 자기 입술로 그런 믿음의 고백을 하게 하시니 감사합니다. 아멘!

이번에는 혜민 엄마의 기도에 은지 엄마가 동의하는 기도를 드립니다.

2. 혜민이가 음란하고 세속적인 대학 문화 속에서도 분별력을 잃지 않고, 정결한 주의 자녀로 살아가게 하심에 감사합니다. 아멘!
1. 그렇습니다. 혜민이를 타락한 문화 가운데서 거룩한 주의 딸로 지키고 보호해 주심에 감사합니다. 아멘!

2. 혜민이가 바쁜 생활 중에서도 언제나 예배 자리를 지키니 감사합니다. 아멘!

1. 그렇습니다. 혜민이가 예배를 중심으로 믿음의 삶을 살게 하시니 감사합니다. 아멘!

이제 두 엄마의 짝 기도를 MIP 기도 3단계, '찬양, 고백, 감사' 순으로 살펴보겠습니다.

MIP 감사 기도는 하나님께서 응답하신 것들에 대해 감사하는 것입니다. 때로 우리는 앞으로 이루어 주실 것을 미리 감사하기도 하지만 짝 기도에서는 응답하신 것을 감사기도 합니다.

감사 기도는 구체적으로 한 가지씩 드리는 것이 원칙입니다. 한 문장에 여러 가지 감사를 길게 넣지 마세요. 한 가지씩 짧게 끊어서 기도하고, 거기에 기도 짝이 동의하는 기도를 드리면 감사가 더욱 풍성해질 것입니다. 그리고 기도 짝의 기도에 그대로 동의합니다. 기도 짝이 기도하지 않은 내용을 덧붙이면 안 됩니다.

①

1단계 찬양

▶ 이 말씀으로 하나님을 선포하고 찬양하겠습니다.

> 여호와의 말씀이니라/ 너희를 향한 나의 생각을 내가 아나니 평
> 안이요 재앙이 아니니라/ 너희에게 미래와 희망을 주는 것이니
> 라_ 렘 29:11

여호와의 말씀이니라

1. 우리에게 말씀하여 주시는 하나님을 찬양합니다. 아멘!
2. 그렇습니다. 나에게 필요한 말씀을 친절하게 해 주시는 인격적인 하나님
   을 찬양합니다. 아멘!

너희를 향한 나의 생각을 내가 아나니 평안이요 재앙이 아니니라

1. 우리를 향한 생각이 재앙이 아니라 평안임을 확실히 알려 주시는 하나님
   을 찬양합니다. 아멘!
2. 그렇습니다. 그래서 재앙이라 여겨지는 상황에서도 말씀을 붙들고 평안
   을 누리게 하시는 하나님을 찬양합니다. 아멘!

너희에게 미래와 희망을 주는 것이니라

1. 우리에게 미래와 희망을 주기 원하시는 하나님을 찬양합니다. 아멘!
2. 그렇습니다. 우리의 모든 것을 합하여 당신의 선하신 뜻대로 소망을 이루

어 가시는 하나님을 찬양합니다. 아멘!

▶ 그런 하나님을 찬양합니다. 아멘!

2단계 고백

> 우리가 죄를 품고 있으면 하나님은 우리 기도를 듣지 않으십니다. 이 시
> 간은 조용히 침묵하는 가운데 우리의 죄를 고백하는 기도를 하겠습니다
> (2-3분 후).

- 말씀하시는 하나님을 잊고 묻지도 않고 귀 기울이지도 않았던 죄를 용서하
  소서.
- 어려운 상황 앞에서 하나님의 생각이 평안이요 재앙이 아님을 잊어버리고
  원망하기만 했던 죄를 용서하소서.
- 하나님보다 상황을 더 깊이 묵상하며 염려한 불신앙을 용서하소서.
- 주 안에 있으면 어떤 상황에서도 미래와 희망이 있음을 믿지 못하고 내 방
  법만 찾다가 쉽게 낙심한 저를 용서하소서.

"만일 우리가 우리 죄를 자백하면 하나님께서는 신실하시고 의로우심으
로 우리 죄를 용서하시고 모든 불의에서 깨끗하게 하신다고 하셨습니다. 그
말씀대로 우리의 죄가 그리스도의 보혈로 깨끗하게 씻겨졌음을 믿습니다.
이제 우리를 온전히 다스리시고, 성령으로 충만케 하여 주옵소서."

3단계 감사

▶ 기도 응답에 대하여 하나님께 감사 기도를 드리겠습니다. 먼저, 은수를 위해 감사 기도를 드리겠습니다.

1. 은수가 이번 기말고사 기간에 하나님께 지혜를 구하며 성실히 공부하여서 감사합니다. 아멘!

2. 그렇습니다. 먼저 하나님을 의지하며 자신이 해야 할 공부를 하니 참 감사합니다. 아멘!

1. 믿음으로 최선을 다하여 시험을 준비함으로써 은수의 실력이 향상되어서 감사합니다. 아멘!

2. 그렇습니다. 주님 주신 지혜로 최선을 다했을 때 성적이 오르는 경험을 하게 하시니 감사합니다. 아멘!

▶ 이제 혜정이를 위해 감사 기도를 드리겠습니다.

1. 방학 중 아르바이트를 하면서도 꾸준히 말씀 묵상을 하니 감사합니다. 아멘!

2. 그렇습니다. 혜정이가 아르바이트하느라 바쁘다고 핑계 댈 수 있지만 성실하게 말씀 묵상을 하니 감사합니다. 아멘!

1. 아무리 바빠도 삶의 우선순위를 말씀 묵상에 둠을 감사합니다. 아멘!

2. 그렇습니다. 그 어떤 것보다 말씀을 먼저 붙들게 하시니 감사합니다. 아멘!

▶ 그렇게 하신 하나님께 감사합니다. 아멘.

②

1단계 찬양

▶ 이 말씀으로 하나님을 선포하고 찬양하겠습니다.

아무것도 염려하지 말고/ 다만 모든 일에 기도와 간구로, 너희 구할 것을 감사함으로 하나님께 아뢰라/ 그리하면 모든 지각에 뛰어난 하나님의 평강이 그리스도 예수 안에서 너희 마음과 생각을 지키시리라_ 빌 4:6-7

아무것도 염려하지 말고

1. 우리에게 아무것도 염려하지 말라고 하시는 하나님을 찬양합니다. 아멘!
2. 그렇습니다. 우리가 염려하며 사는 것을 원치 않으시는 하나님을 찬양합니다. 아멘!

다만 모든 일에 기도와 간구로, 너희 구할 것을 감사함으로 하나님께 아뢰라

1. 우리가 기도와 간구로 주께 나아갈 때 모든 일에 있어서 항상 감사의 마음을 잃지 말라고 가르쳐 주시는 하나님을 찬양합니다. 아멘!
2. 그렇습니다. 어떤 상황에서도 우리와 함께하시는 주님이 계시기에 감사로 나아갈 수 있음을 다시 깨우쳐 주시는 하나님을 찬양합니다. 아멘!

그리하면 모든 지각에 뛰어난 하나님의 평강이 그리스도 예수 안에서 너희 마음과 생각을 지키시리라

1. 그리할 때 모든 지각에 뛰어난 하나님의 평강으로 우리의 마음과 생각을 지키시는 하나님을 찬양합니다. 아멘!
2. 그렇습니다. 우리의 마음과 생각을 그 무엇보다도 먼저 당신의 평강으로 채우시고 지키시는 하나님을 찬양합니다. 아멘!

▶ **그런 하나님을 찬양합니다. 아멘!**

2단계 고백

> 우리가 죄를 품고 있으면 하나님은 우리 기도를 듣지 않으십니다. 이 시간은 조용히 침묵하는 가운데 우리의 죄를 고백하는 기도를 하겠습니다
> (2-3분 후).

- 염려하지 말라고 하셨는데 염려하는 저를 용서하소서. 아멘!
- 불평과 원망을 하기 전에 먼저 감사의 마음을 가지지 못했던 죄를 용서하소서. 아멘!
- 상황보다 크신 하나님을 기억하지 못하고 모든 일에 먼저 기도하지 못했음을 용서하소서. 아멘!
- 평강을 주기 원하시는 하나님의 생각을 의심하고 왜곡하였던 저를 용서하소서. 아멘!
- 마음과 생각을 사탄에게 내주어 믿음 없이 흔들렸던 죄를 용서하소서. 아멘!

"만일 우리가 우리 죄를 자백하면 하나님께서는 신실하시고 의로우심으로 우리 죄를 용서하시고 모든 불의에서 깨끗하게 하신다고 하셨습니다. 그

말씀대로 우리의 죄가 그리스도의 보혈로 깨끗하게 씻겨졌음을 믿습니다. 이제 우리를 온전히 다스리시고, 성령으로 충만케 하여 주옵소서."

3단계 감사

▶ 기도 응답에 대하여 하나님께 감사 기도를 드리겠습니다. 먼저, 진호를 위해 감사 기도를 드리겠습니다.

1. 진호가 이전과 다르게 살기 위해 핸드폰에서 모든 게임을 삭제함을 감사합니다. 아멘!
2. 그렇습니다. 진호가 다르게 살기를 결단함으로 핸드폰 게임을 모두 삭제하니 감사합니다. 아멘!

1. 진호가 게임 하고 싶은 유혹을 이겨 내려고 열심히 운동하니 감사합니다. 아멘!
2. 그렇습니다. 게임 하고 싶을 때마다 운동하며 잘 이겨 내어 감사합니다. 아멘!

이제 민수를 위해 감사 기도를 드리겠습니다.

1. 민수와 은율이가 오랜 사귐 끝에 결혼하게 하심을 감사합니다. 아멘!
2. 그렇습니다. 그동안 신실하게 교제해 온 민수와 은율이가 마침내 결혼하게 됨을 감사합니다. 아멘!

1. 민수가 직장에 다니며 공부하느라 바쁜 중에도 기쁨으로 결혼 준비를 하게 하시니 감사합니다. 아멘!

2. 그렇습니다. 직장과 공부로 분주한 가운데서도 기쁨으로 결혼을 준비하게 하시니 감사합니다. 아멘!

▶ 그렇게 하신 하나님께 감사합니다. 아멘.

진호 엄마와 민수 엄마가 기도 짝으로서 서로의 자녀에 대한 감사 기도를 하고 있습니다. 여러분도 이런 감사 기도를 훈련하고 더욱 풍성한 감사의 삶을 살길 바랍니다.

③

1단계 찬양

▶ 이 말씀으로 하나님을 선포하고 찬양하겠습니다.

> 하나님이 세상을 이처럼 사랑하사 독생자를 주셨으니/이는 그를 믿는 자마다 멸망하지 않고/영생을 얻게 하려 하심이라_요 3:16

하나님이 세상을 이처럼 사랑하사 독생자를 주셨으니

1. 독생자를 보내사 세상을 향한 당신의 사랑을 보여 주신 하나님을 찬양합니다. 아멘!

2. 그렇습니다. 가장 귀한 아들을 희생하실 만큼 세상을 사랑하신 하나님을 찬양합니다. 아멘!

1. 누구든지 예수 그리스도를 믿으면 멸망치 않게 하신 하나님을 찬양합니다. 아멘!

2. 그렇습니다. 오직 믿음으로만 구원 얻게 되는 은혜를 베푸신 하나님을 찬양합니다. 아멘!

영생을 얻게 하려 하심이라

1. 우리에게 친히 영생의 길을 열어 주신 하나님을 찬양합니다. 아멘!

2. 그렇습니다. 우리 모두를 영생의 길로 인도하시는 사랑의 하나님을 찬양합니다. 아멘!

▶ **그런 하나님을 찬양합니다. 아멘!**

2단계 고백

우리가 죄를 품고 있으면 하나님은 우리 기도를 듣지 않으십니다. 이 시간은 조용히 침묵하는 가운데 우리의 죄를 고백하는 기도를 하겠습니다 (2-3분 후).

- 타인을 긍휼히 여기지 않고 오히려 미워하거나 정죄하였던 죄를 용서하소서. 아멘!

- 말로만 사랑을 외치며 행동으로 나타내 보이지 못했던 죄를 용서하소서. 아멘!

- 하나님은 가장 귀한 것을 내어 주셨는데 나는 내 것을 움켜쥐고 있는 이기심을 용서해 주소서. 아멘!

- 열심히 영혼 구원하는 일에 힘쓰지 못한 죄를 용서해 주소서. 아멘!

"만일 우리가 우리 죄를 자백하면 하나님께서는 신실하시고 의로우심으로 우리 죄를 용서하시고 모든 불의에서 깨끗하게 하신다고 하셨습니다. 그 말씀대로 우리의 죄가 그리스도의 보혈로 깨끗하게 씻겨졌음을 믿습니다. 이제 우리를 온전히 다스리시고, 성령으로 충만케 하여 주옵소서."

3단계 감사

▶ 기도 응답에 대하여 하나님께 감사 기도를 드리겠습니다. 먼저, 진호를 위한 감사기도를 드리겠습니다.

1. 진호가 학교 기도장으로 힘써 기도의 자리를 지킴을 감사합니다. 아멘!
2. 그렇습니다. 학교 기도장으로 온전히 그 자리를 지키게 하시니 감사합니다. 아멘!

1. 진호가 기도 장소와 후배들을 챙기며 담대하게 기도 모임을 이끌게 하시니 감사합니다. 아멘!
2. 그렇습니다. 진호가 기도 장소 섭외와 후배들까지 챙기며 신실하게 기도 모임을 이끌어 감을 감사합니다. 아멘!

이제 민수를 위해 감사 기도를 드리겠습니다.

1. 민수가 여러 가지 일이 겹쳤는데도 스트레스를 잘 이겨 냄을 감사합니다.

아멘!

2. 그렇습니다. 민수가 스스로 감정을 조절하면서 스트레스를 잘 이겨 내니 감사합니다. 아멘!

1. 민수가 긍정적인 생각으로 모든 어려운 일을 잘 참고 처리하게 하심을 감사합니다. 아멘!

2. 그렇습니다. 민수가 굳은 심지로 맡은 일을 잘 감당함을 감사합니다. 아멘!

▶ **그렇게 하신 하나님께 감사합니다. 아멘!**

④

1단계 찬양

▶ **이 말씀으로 하나님을 선포하고 찬양하겠습니다.**

> 누가 우리를 그리스도의 사랑에서 끊으리요 환난이나 곤고나 박해나 기근이나 적신이나 위험이나 칼이랴/ 기록된 바 우리가 종일 주를 위하여 죽임을 당하게 되며 도살당할 양같이 여김을 받았나이다 함과 같으니라/ 그러나 이 모든 일에 우리를 사랑하시는 이로 말미암아 우리가 넉넉히 이기느니라_롬 8:35-37

누가 우리를 그리스도의 사랑에서 끊으리요 환난이나 곤고나 박해나 기근이나 적신이나 위험이나 칼이랴

1. 그 무엇으로도 끊을 수 없는 깊고 강한 사랑으로 우리를 사랑하시는 하나

님을 찬양합니다. 아멘!

2. 그렇습니다. 어떤 환경에서도 끊을 수 없는 강력한 사랑으로 우리를 지키시는 하나님을 찬양합니다. 아멘!

기록된바 우리가 종일 주를 위하여 죽임을 당하게 되며 도살당할 양같이 여김을 받았나이다 함과 같으니라

1. 우리가 도살당할 양같이 아무것도 할 수 없는 상황 가운데 있을 때에도 우리를 사랑하시는 하나님을 찬양합니다. 아멘!

2. 그렇습니다. 세상에서 주를 위해 당하는 고난을 묵묵히 감당하도록 사랑의 힘으로 붙드시는 하나님을 찬양합니다. 아멘!

그러나 이 모든 일에 우리를 사랑하시는 이로 말미암아 우리가 넉넉히 이기느니라

1. 모든 일에 우리를 사랑하시는 사랑으로 인해 넉넉히 이기게 하시는 하나님을 찬양합니다. 아멘!

2. 그렇습니다. 모든 고난과 어려움도 우리를 사랑하시는 사랑으로 인하여 승리케 하시는 사랑의 하나님을 찬양합니다. 아멘!

▶ **그런 하나님을 찬양합니다. 아멘!**

2단계 고백

우리가 죄를 품고 있으면 하나님은 우리 기도를 듣지 않으십니다. 이 시간은 조용히 침묵하는 가운데 우리의 죄를 고백하는 기도를 하겠습니다 (2-3분 후).

- 환난이나 곤고나 박해나 여러 위험 앞에서 하나님의 사랑을 의심하고 불평하였던 죄를 용서하소서. 아멘!
- 눈앞에 닥친 환난과 어려움들에 사로잡혀 하나님을 바라보지 못하고 낙심하였던 죄를 용서하소서. 아멘!
- 주를 위해 내가 죽어야 함에도 죽지 못하는 고집 센 자아와 교만을 용서해 주소서. 아멘!
- 승리의 원천이신 하나님을 드러내지 않고 내 이름을 드러내기 원했던 은밀한 내면의 욕심들을 고백합니다. 용서해 주소서. 아멘!

"만일 우리가 우리 죄를 자백하면 하나님께서는 신실하시고 의로우심으로 우리 죄를 용서하시고 모든 불의에서 깨끗하게 하신다고 하셨습니다. 그 말씀대로 우리의 죄가 그리스도의 보혈로 깨끗하게 씻겨졌음을 믿습니다. 이제 우리를 온전히 다스리시고, 성령으로 충만케 하여 주옵소서."

3단계 감사

▶기도 응답에 대하여 하나님께 감사 기도를 드리겠습니다. 먼저 지유를 위한 감사 기도를 드리겠습니다.

1. 지유가 매일 아침 규칙적으로 말씀을 묵상함을 감사합니다. 아멘!

2. 그렇습니다. 지유가 하루를 시작하는 아침에 무엇보다 말씀을 묵상하니 감사합니다. 아멘!

1. 지유가 공부할 시간이 많이 부족해도 목장 모임에서 찬양을 맡아 섬기니 감사합니다. 아멘!
2. 그렇습니다. 지유가 할 일이 많은 상황에서도 하나님이 기뻐하시는 일을 선택하니 감사합니다. 아멘!

이제 은영이를 위해 감사 기도를 드리겠습니다.

1. 은영이가 예배에서 받은 은혜로 다른 사람을 돕고 섬기는 자리까지 나아감을 감사합니다. 아멘!
2. 그렇습니다. 은영이가 받은 은혜를 혼자 간직하지 않고 이웃사랑으로 흘려보냄을 감사합니다. 아멘!

1. 은영이가 열심히 공부하여 장학금을 받아서 감사합니다. 아멘!
2. 그렇습니다. 은영이의 필요를 여호와 이레 하나님이 채워 주시니 감사합니다. 아멘!
▶ **그렇게 하신 하나님께 감사합니다. 아멘!**

4. 중보

자신의 힘으로 더는 자신을 방어할 수 없을 때 주님의 능력을 방패로 삼는 법을 배운다.

-오스 힐먼

진정한 중보자를 찾으시는 하나님

이 땅을 위하여 성을 쌓으며 성 무너진 데를 막아서서 나로 하여금 멸하지 못하게 할 사람을 내가 그 가운데서 찾다가 찾지 못하였으므로_겔 22:30

에스겔 선지자가 활동하던 시대에는 이스라엘 백성이 범죄하고 불순종하여 죄가 가득했습니다. 죄로 인해 성 곳곳이 무너지고 황폐해졌습니다. 하나님이 성을 멸하지 못하도록 막을 사람을 찾고 계십니다. 하나님은 '공의와 사랑'의 하나님이십니다. 그런 하나님의 성품을 잘 알고 신뢰함으로 이 땅을 위해 사랑의 마음으로 기도하는 것이 중보입니다.

"성을 쌓으며 성 무너진 데를 막아서서"란 무슨 의미일까요? 무너진 데를 막아선다는 것은 알지 못하는 위험을 감수하며 수고와 희생을 해야 함을 의미합니다. 그런데 하나님은 그런 사람을 찾지 못하셨습니다. 개인의 문제가 아닌 이 땅 전체를 위해 막아서려는 사람이 없었기 때문입니다. "성 무너진 데"를 막아서려면 어떻게 해야 합니까?

첫째, 대가를 지불해야 합니다. 그 대가는 다름 아닌 생명입니다. 하나님의 진노와 심판을 막아서는 일에는 생명을 건 용기가 필요합니다. 하나님의 진노의 불에 자신이 먼저 타 버릴 수도 있다는 위험을 알고도 그것을 감당할 각오, 자기 생명을 걸 각오가 되어 있어야 합니다.

둘째, 무엇보다 이 땅을 사랑해야 합니다. 인간의 본성으로는 나 아닌 다른 사람을 위해 목숨을 걸기가 어렵습니다. 자신보다 이 땅을 더 사랑해야 막아설 수 있습니다.

셋째, 하나님이 어떤 분이신지를 확실히 알아야 막아설 수 있습니다. 막아선다는 것은 둘 사이에 끼었음을 전제로 하는 표현입니다. 자기 목숨을 희생할 만큼 이 땅을 사랑하든가, 하나님이 자신은 물론 이 땅도 살려 주실 분이라는 확신이 있어야 막아설 수 있습니다.

하나님은 구원하길 원하십니다. 그래도 심판할 수밖에 없는 것은 하나님이 공의로운 분이시기 때문입니다. 예수님이 이 땅에 성육신하신 이유가 바로 그 때문입니다. 죄 없으신 분이 우리 대신 죄인이 되어 십자가에 달리심으로써 온 인류를 향한 하나님의 심판을 막으셨습니다. 이것이 진정한 중보자의 모습입니다. 하나님의 공의와 사랑을 모두 충족시킬 수 있는 분은 오직 예수 그리스도 한 분뿐입니다.

> 하나님은 한 분이시요 또 하나님과 사람 사이에 중보자도 한 분이시니 곧 사람이신 그리스도 예수라_딤전 2:5

하나님은 지금도 이 땅을 멸하지 못하게 할 사람을 찾고 계십니다. 중보란 결국 하나님을 향한 전적인 신뢰와 영혼을 사랑하는 마음을 가진 자가 할 수 있는 최고의 이타적 행위입니다. 예수님이 그렇게 하셨던 것처럼 말입니다.

중보는 영어로 'Intercession'인데 라틴어 '인테르 체데레'에서 유래했습니다. '무엇과 무엇의 사이'를 뜻하는 인테르(inter)와 '나아가다'라는 뜻의 체데레(cedere)가 만나 '중재하다'라는 뜻의 'inter cedere'가 되었습니다. 중보란 하나님과 사람 사이에 서서 하나님께 나아가는 것을 의미합니다. 하나님이 멸하시지 않도록, 영혼 구원을 위해서 중보하는 것입니다.

> 그러므로 내가 첫째로 권하노니 모든 사람을 위하여 간구와 기도와 도고와 감사를 하되_딤전 2:1

디모데서는 바울이 디모데에게 보내는 목회 서신입니다. 바울은 디모데를 영적 아들로 생각하고 그에게 편지를 보내 당부하고 있습니다. 보통 무언가를 당부할 때 "첫째로"라고 말하면 그것은 중요한 것 중에 중요한 것이라 할 수 있습니다. 바울은 무엇보다도 "모든 사람을 위하여 간구와 기도와 도고와 감사를" 하라고 합니다.

"간구"는 헬라어로 '데에세이스'인데, 긴박한 상황에서 하나님께 해결해 달라고 요청하는 것을 의미합니다. 기도는 헬라어로 '프로슈카스'이며, 하나님과의 대화를 의미합니다. 대화란 상대가 무엇을 생각하는지 묻고 답하며 친밀감을 누리는 것이므로, 간구는 기도이지만 기도가 다 간구는 아닙니다.

"기도"란 하나님과의 교제를 통해 하나님의 뜻을 구하고, 하나님과 친밀함을 나누며, "하나님이 원하시면 내 모든 것까지도 드리겠습니다. 무엇을 드릴까요?"라고 물어보는 것입니다.

"도고"는 헬라어로 '엔튜크세이스'인데, 남을 위하여 드리는 기도, 즉 중보입니다. 자기 자신을 위해 기도하는 것이 간구라면, 다른 사람들을 위해 기도하는 것은 중보입니다.

그러면 간구는 유치하고 중보는 고상합니까? 그렇지 않습니다. 우리는 영원히 하나님을 의존해야 할 존재이기에 일평생 간구해야 합니다. 하나님은 자녀들의 간구를 기뻐하십니다.

> 내가 간구하는 날에 주께서 응답하시고 내 영혼에 힘을 주어 나를 강하게 하셨나이다 _시 138:3

여호와께서는 자기에게 간구하는 모든 자 곧 신실하게 간구하는 모든 자에게 가까이 하시는도다 _시 145:18

기도의 사람 리처드 포스터(Richard Foster)는 "간구는 낮은 수준의 기도가 아니라 우리의 주식이다"라고 했습니다. 때로 우리는 하나님께 엉뚱한 것, 욕심에 가득 찬 소원을 간구할 수 있습니다. 순수하지 않은 간구는 간구에 의해서만 깨끗해질 수 있습니다. 마치 어린아이가 부모에게 요구하는 것처럼, 하나님은 하나님 아버지께 요구하고 요구받는 가장 기본적인 관계로 우리를 인도하십니다. 그 속에서 우리를 거룩하고 정결하게 만들어 가십니다. 우리는 어떤 간구라도 하나님께 가지고 나아가야 합니다. 그것이 주님의 뜻에 합당하면 들어주실 것이고, 그렇지 못하면 시간이 걸리더라도 인내하시며 우리를 거룩하게 다듬어 가실 것입니다.

임금들과 높은 지위에 있는 모든 사람을 위하여 하라 이는 우리가 모든 경건과 단정함으로 고요하고 평안한 생활을 하려 함이라 이것이 우리 구주 하나님 앞에 선하고 받으실 만한 것이니 하나님은 모든 사람이 구원을 받으며 진리를 아는 데에 이르기를 원하시느니라 _딤전 2:2-4

주님은 "간구와 기도와 도고와 감사"가 그 무엇보다 먼저 임금들과 높은 지위에 있는 사람들을 향하길 원하십니다. 궁극적 이유는 그것이 우리를 위함이라는 것을 알 수 있습니다. 지도자들이 마음에 들든 아니든 상관없이 그들을 위해 계속해서 기도해야 할 이유는 그래야 우리가 경건하고 단정함으로 고요하고 평안한 삶을 살 수 있기 때문입니다. 그리고 그것이 하나님 앞에서 선하고 받으실 만한 것입니다.

중보는 영혼을 살리는 하나님의 구원 사역과 연결되어 있습니다. 하나님은 우리 기도가 하나님 마음에 집중되기를 바라시고, 마침내 그 마음 중심에 영혼 구원, 만민 구원이 있음을 깨닫기를 바라십니다.

우리 자녀들이 대부분의 시간을 보내는 학교나 직장은 이미 세상적 가치관과 세속의 물결로 가득합니다. '기도하는 엄마들'은 자녀를 세상에 빼앗기지 않기 위해 학교와 교사, 주일학교와 주일학교 교사들을 위해서도 열심히 중보하며 영적 전쟁을 하고 있습니다.

한 달에 한 번 전체 모임이나 학교기도모임을 갖는데, 이때 자녀의 학교뿐 아니라 지역의 모든 학교를 위해 기도합니다. 구별로 학교 이름을 나누어 받고, 교장, 교감, 학교 이사장 등의 이름까지 불러가며 기도합니다. 그랬더니 엄마의 기도를 먹고 자란 자녀들도 용기를 내어 저들만의 학교기도모임을 갖기 시작했습니다. 중·고등학생 자녀들은 물론 초등학생 자녀들까지도 기도 모임을 만들어 최소한 일주일에 한 번씩은 모여서 기도하고 있습니다.

요즘은 학교에서 종교 활동을 금지하고 있기 때문에 아이들이 모여서 기도하기가 쉽지 않습니다. 게다가 예수님을 믿는다는 이유로 또래로부터 왕따를 당할 수도 있습니다. 그런데도 아이들이 용기를 내어 자기 학교를 위해 기도하는 것입니다. 몇몇이 모여 기도하다 보면 다른 교회 아이들도 동참하게 되고, 호기심을 가진 친구들이나 타 종교를 믿는 친구들도 와서 전도의 기회를 얻기도 한답니다.

그런 얘기를 들으면 엄마들의 가슴이 울컥하여 더욱 열심히 중보 하게 됩니다. 아이들이 계속 기도할 수 있도록 이들의 울타리가 되어 줄 신실한 교사들을 보내 달라고 기도합니다. 그랬더니 학교에서 지 도 교사를 배정해 주거나 기도 장소를 제공해 주는 일도 생겨납니다.

이렇게 엄마와 자녀와 교사가 기도의 세 겹 줄을 만들어 세속의 물 결로 가득한 이 땅의 학교를 위해 기도하며 사탄과의 영적 전쟁에서 뒤로 물러서지 않을 때 하나님이 기뻐하시는 영혼 구원의 역사가 일 어납니다.

우리가 따라야 할 중보자의 모습

수일 후에 예수께서 다시 가버나움에 들어가시니 집에 계시다는 소문 이 들린지라 많은 사람이 모여서 문 앞까지도 들어설 자리가 없게 되었 는데 예수께서 그들에게 도를 말씀하시더니 사람들이 한 중풍병자를 네 사람에게 메워 가지고 예수께로 올새 무리들 때문에 예수께 데려갈 수 없으므로 그 계신 곳의 지붕을 뜯어 구멍을 내고 중풍병자가 누운 상을 달아내리니 예수께서 그들의 믿음을 보시고 중풍병자에게 이르시 되 작은 자야 네 죄 사함을 받았느니라 하시니 … 내가 네게 이르노니 일어나 네 상을 가지고 집으로 가라 하시니 그가 일어나 곧 상을 가지 고 모든 사람 앞에서 나가거늘 그들이 다 놀라 하나님께 영광을 돌리며 예수님이 가버나움의 한 집에서 사람들에게 도를 말씀하실 때의 일입니다. 소문을 듣고 사람들이 몰려와 문 앞까지 자리가 찼습니다. 이 소문은 중풍병자 주위의 사람들에게까지 들렸습니다. 그들은 중풍병자를 예수님께 데려가면 병을 고칠 수 있으리라 믿었기에 합심하고 합력하여 몸을 가누지 못하는 중풍병자를 옮겼습니다.

축 늘어진 병자를 메고 오는 일이 쉽지는 않았을 것입니다. 그러나 네 사람에게는 중풍병자를 불쌍히 여기는 마음, 꼭 낫기를 바라는 사랑과 긍휼의 마음이 있었습니다. 그래서 자신의 일을 희생하고, 대가를 지불하면서까지 이 일에 헌신했던 것입니다. 그들은 끝까지 인내하며 성실하게 나아왔습니다..

그렇게 힘들게 문 앞까지 왔는데 가장 큰 장애물이 있었습니다. 사람들이 너무 많아 집으로 들어갈 수가 없었던 것입니다. 그들이 무슨 생각을 했을까요? '아, 안 되겠다. 이제 어쩔 수 없다. 돌아가자' 했을까요?

그들은 포기하지 않고 그 집의 지붕을 뜯어 구멍을 내고 중풍병자가 누운 상을 예수님 앞으로 달아 내렸습니다. 집 안에 들어가지 못한다고 누구나 지붕을 뜯고 구멍을 내지는 않습니다. 그것도 남의 집 지붕입니다. 비상식적이며 매 맞을 일입니다. 그럼에도 그들은 창의적인 생각을 행동으로 옮겼습니다. 대담함과 용기 없이는 할 수 없는 일입니다. 그들은 지붕 고칠 값을 물어줄 각오를 했을 것입니다. 더 나아가 밟혀 죽거나, 맞아 죽거나, 죽음도 각오했을 수 있습니다. 예수님을 향한 믿음, 중풍병자를 향한 사랑의 마음, 그리고 네 사람의 합력과 합심이 중보자가 지녀야 할 핵심 태도라 할 수 있습니다.

예수님의 반응은 어떠했습니까?

> 예수께서 그들의 믿음을 보시고 중풍병자에게 이르시되 작은 자야 네 죄 사함을 받았느니라 하시니_막 2:5

예수님은 중풍병자를 데려온 네 사람의 믿음을 보셨습니다. 그리고 중풍병자의 병을 고쳐 주시기에 앞서 '네 죄사함을 받았다'고 말씀하십니다. 예수님은 고통당하는 그 사람의 내면을 먼저 보셨습니다. 주님의 관심은 영혼이고, 영혼 구원에 있음을 중보자 된 우리는 잊지 말아야 합니다.

육체의 질병이 낫는 것은 대단한 기적입니다. 그러나 그것이 끝이 아닙니다. 하나님이 우리에게 기적을 베푸시는 이유는, 그 기적을 통해 하나님이 어떤 분이신지를 우리가 제대로 알고 구원받게 하려는 데 있습니다.

자녀를 사랑하는 마음, 예수님께 반드시 데리고 가겠다는 믿음, 그리고 기도의 동역자들과 함께 뒤로 물러서지 않고 기도할 때 하나님은 기도를 들으시고 우리의 자녀들과 더 나아가 이 땅의 다음 세대, 또 북한의 다음 세대까지 치유하시고 구원해 주실 줄 믿습니다.

중풍병자의 상황처럼 꼼짝할 수 없는 상황에 처한 자녀들이 있다면 믿음으로 함께 기도하십시다. 하나님이 구원해 주실 줄 믿습니다. 무엇보다 중보는 함께할 때 더욱 힘이 납니다. 합심기도에는 능력이 있습니다.

> 진실로 다시 너희에게 이르노니 너희 중의 두 사람이 땅에서 합심하여 무엇이든지 구하면 하늘에 계신 내 아버지께서 그들을 위하여 이루게 하시리라 두세 사람이 내 이름으로 모인 곳에는 나도 그들 중에 있느니라_ 마 18:19-20

우리는 아브라함과 모세를 통해 참된 중보자의 모습을 배울 수 있습니다.

첫째, 아브라함은 하나님의 성품에 기대어 중보했습니다. 창세기 18장에서 하나님은 소돔과 고모라를 심판하겠다고 예고하십니다. 하나님의 사자들이 소돔을 향하여 가자 아브라함은 하나님 앞에서 기도합니다.

> 아브라함이 가까이 나아가 이르되 주께서 의인을 악인과 함께 멸하려 하시나이까 그 성 중에 의인 오십 명이 있을지라도 주께서 그곳을 멸하시고 그 오십 의인을 위하여 용서하지 아니하시리이까 주께서 이같이 하사 의인을 악인과 함께 죽이심은 부당하오며 의인과 악인을 같이 하심도 부당하니이다 세상을 심판하시는 이가 정의를 행하실 것이 아니니이까_ 창 18:23-25

아브라함은 처음에는 50명, 45명, 40명, 30명, 20명, 10명까지 숫자를 낮추며 다시 하나님께 묻습니다. 여섯 번이나 숫자를 바꾸며 하나님께 중보하는 아브라함의 모습을 통해 우리가 배울 점은 무엇입니까? 아브라함은 그의 조카 롯과 그 식구들을 구해 달라고 하지 않았습니다. 오직 하나님의 성품에 근거하여 끈질기게 여섯 번이나 기도합니다. 거룩한 용기 그리고 겸손한 태도, 끈질김을 볼 수 있습니다.

결국 소돔과 고모라는 의인 10명이 없어서 멸망하고 맙니다. 그러나 성경은 뭐라고 말합니까?

> 하나님이 그 지역의 성을 멸하실 때 곧 롯이 거주하는 성을 엎으실 때에 하나님이 아브라함을 생각하사 롯을 그 엎으시는 중에서 내보내셨더라_창 19:29

하나님은 아브라함을 생각하셔서 롯을 구원해 주셨습니다.

둘째, 모세는 생명을 걸고 중보했습니다. 출애굽기 32장에는 이스라엘 백성이 금송아지를 만들어 하나님 대신 그것을 예배하는 장면이 나옵니다. 그때 하나님은 모세에게 이렇게 말씀하셨습니다.

> 내가 이 백성을 보니 목이 뻣뻣한 백성이로다 그런즉 내가 하는 대로 두라 내가 그들에게 진노하여 그들을 진멸하고 너를 큰 나라가 되게 하리라_출 32:9b-10

그때 모세가 어떻게 기도합니까?

> 모세가 그의 하나님 여호와께 구하여 이르되 여호와여 어찌하여 그 큰 권능과 강한 손으로 애굽 땅에서 인도하여 내신 주의 백성에게 진노하시나이까 어찌하여 애굽 사람들이 이르기를 여호와가 자기의 백성을 산에서 죽이고 지면에서 진멸하려는 악한 의도로 인도해 내었다고 말하게 하시려 하나이까 주의 맹렬한 노를 그치시고 뜻을 돌이키사 주의 백성에게 이 화를 내리지 마옵소서 주의 종 아브라함과 이삭과 이스라엘을 기억하소서 주께서 그들을 위하여 주를 가리켜 맹세하여 이르시기를 내가 너희의 자손을 하늘의 별처럼 많게 하고 내가 허락한 이 온 땅을 너희의 자손에게 주어 영원한 기업이 되게 하리라 하셨나이다… 그러나 이제 그들의 죄를 사하시옵소서 그렇지 아니하시오면 원하건대 주께서 기록하신 책에서 내 이름을 지워 버려 주옵소서_출 32:11-13, 32

그야말로 생명을 건 기도입니다. 어찌 하나님 앞에서 이렇게 강력하게 기도할 수 있을까요? 그만큼 모세가 하나님과 친밀하다는 증거입니다. 모세는 하나님의 성품, 즉 하나님의 사랑과 그 영광에 근거하여 기도하고 있습니다. 더 나아가 하나님이 하신 약속의 말씀에 근거하여 강력한 간구를 올리고 있습니다. 그런 모세의 간구에 하나님은 뜻을 돌이켜 말씀하신 화를 그 백성에게 내리지 않으셨습니다(출 32:14).

또한 출애굽기 17장에 보면 이스라엘과 아말렉 사이에 전쟁이 벌어졌습니다. 여호수아는 백성과 나가서 아말렉과 싸우고, 모세는 아론과 훌과 함께 하나님의 지팡이를 손에 잡고 산꼭대기에 섭니다. 이때 모세가 손을 들면 이스라엘이 이기고 손을 내리면 아말렉이 이깁니다.

> 모세의 팔이 피곤하매 그들이 돌을 가져다가 모세의 아래에 놓아 그가 그 위에 앉게 하고 아론과 훌이 한 사람은 이쪽에서, 한 사람은 저쪽에서 모세의 손을 붙들어 올렸더니 그 손이 해가 지도록 내려오지 아니한지라 여호수아가 칼날로 아말렉과 그 백성을 쳐서 무찌르니라
> _출 17:12-13

기도는 영적 전쟁임을 한눈에 보여 주는 사건입니다. 모세 옆에서 손을 붙들어 올렸던 아론과 훌처럼 우리도 서로의 손을 붙들어 올려 함께 기도해야 합니다. 승리가 손에 쥐어질 때까지 끈질기게 기도의 자리를 지켜야 합니다.

왜 중보해야 하는가

첫째, 중보는 명령입니다. 우리가 중보해야 하는 이유는 모든 사람이 구원받는 것을 하나님이 원하시기 때문입니다(딤전 2:4). 우리는 "모든 기도와 간구를 하되 항상 성령 안에서 기도하고 이를 위하여 깨어 구하기를 항상 힘쓰며 여러 성도를 위하여"(엡 6:18) 구해야 합니

다. 현대를 살아가는 우리에게 중보기도는 꼭 필요합니다.

> 너는 이것을 알라 말세에 고통하는 때가 이르러 사람들은 자기를 사랑
> 하며 돈을 사랑하며 자랑하며 교만하며 비방하며 부모를 거역하며 감
> 사하지 아니하며 거룩하지 아니하며 무정하며 원통함을 풀지 아니하
> 며 모함하며 절제하지 못하며 사나우며 선한 것을 좋아하지 아니하며
> 배신하며 조급하며 자만하며 쾌락을 사랑하기를 하나님 사랑하는 것
> 보다 더하며 경건의 모양은 있으나 경건의 능력은 부인하니 이 같은
> 자들에게서 네가 돌아서라_ 딤후3:1-5

이 세대의 모습을 단편적으로 나열하여 우리에게 미리 말씀해 주고 계십니다. 이 말씀 그대로 지금은 고통받는 때입니다. 이전에 겪어보지 않았던 천재지변들이 곳곳에서 일어나고 있습니다. 이기주의와 개인주의가 팽배하여 자신을 가장 중요하게 생각합니다. 사사시대 사람들이 자기의 소견에 옳은 대로 행했던 것처럼 이 시대가 그러합니다. 물질만능주의가 팽배해 돈을 위해서는 패륜도 마다하지 않습니다.

자신을 중요하게 여기니 자기가 느끼고 끌리는 대로 정욕을 좇아 살아갑니다. 절제를 못 하고 조급합니다. 그래서 사나워질 대로 사나워져 있습니다. 모두 화병에 걸린 것처럼 삽니다. 극단적 이기주의는 가정 안에서도 빈번히 일어납니다. 이전에는 아이들을 생각해서라도 참고 살았는데 이젠 자녀도 버리며, 그 생명까지도 자기 것인 양 좌

지우지합니다.

하나님의 명령에 적극 순종하는 삶을 살지 않는다면 우리도 모르게 이 세상에 물들 확률이 높습니다. 왜 우리에게 중보하라고 명령하십니까? 나를 위한 기도를 넘어 왜 남을 위해 기도하라고 하십니까? 중보는 다른 사람을 위한 것이기도 하지만 결국은 나를 살리고 나를 하나님의 백성답게 살도록 이끄는 것이기도 합니다.

그래서 아무리 내 사정과 상황이 힘들다 해도 성도와 교회를 위해, 이웃을 위해, 다음 세대와 학교, 나라와 세계를 위해 기도한다면 우리를 둘러싼 환경과 상황을 이기고 다스리는 자로 살아갈 수 있습니다.

둘째, 예수님과 성령님이 중보하시기 때문입니다. 예수님은 공생애 기간 내내 기도의 모범을 보여 주셨습니다. 아무리 바쁘고 피곤하셔도 새벽 미명에 일어나서 기도하셨습니다.

요한복음 17장에 보면 예수님의 중보기도가 나옵니다. 예수님은 십자가를 목전에 두고 있는 자신을 위해 먼저 기도하시고, 또 제자들이 서로 하나되도록, 그들 안에 기쁨이 충만하도록, 그들을 모든 악으로부터 보호해 주시고, 진리로 거룩케 해 달라고 중보기도하셨습니다. 더 나아가 제자들을 통해 예수님을 믿게 될 모든 사람을 위해서도 기도하셨습니다.

겟세마네 동산에서 제자들은 피곤하여 잠을 잤지만, 예수님은 땀방울이 핏방울이 될 때까지 제자들이 시험에 빠지지 않도록 기도하셨습니다. 십자가상에서 조롱하는 무지한 백성을 위해, 자신을 십자가에 매단 원수들을 위해서 고통이 극에 달한 시점에도 기도하셨습니다(눅 23:34). 마침내 주님은 세상 모든 죄를 스스로 짊어지셨고, 온 인류의 중보자가 되셨습니다.

> 하나님은 한 분이시요 또 하나님과 사람 사이에 중보자도 한 분이시니
> 곧 사람이신 그리스도 예수라_ 딤전 2:5

하나님의 심판을 받아 마땅한 죄인인 우리를 위해 자신의 생명도 아끼지 않고 내어놓으신 예수님이야말로 유일한 중보자십니다. 우리 중 누구도 다른 사람을 위해, 아니 죄에 빠진 온 인류를 위해 자기 목숨을 내어놓을 수가 없습니다. 그런 의미에서 우리는 온전한 중보자라고 말할 수 없습니다. 그저 예수님이 보여 주신 기도의 모범을 따를 뿐입니다. 그렇게 죽음에서 부활하시고 승천하신 예수님은 지금 하나님 보좌 우편에서 우리를 위해 간구하고 계십니다(롬 8:34).

> 만일 누가 죄를 범하여도 아버지 앞에서 우리에게 대언자가 있으니 곧
> 의로우신 예수 그리스도시라_ 요일 2:1

우리에게 "대언자"가 있다고 합니다. 즉, '변호자'라는 의미입니다. 예수님은 인간으로 이 땅에 살면서 우리가 당하는 모든 것을 경험하고 체휼하셨기 때문에 능히 우리를 변호하실 수 있습니다. 우리가 오늘 이렇게 살고 있는 것도, 여기까지 온 것도 우리가 잘나서가 아니라 주님의 중보 때문에, 사랑 때문임을 잊지 맙시다.

성령님 역시 우리를 위해 중보하십니다.

> 이와 같이 성령도 우리 연약함을 도우시나니 우리는 마땅히 기도할 바를 알지 못하나 오직 성령이 말할 수 없는 탄식으로 우리를 위하여 친히 간구하시느니라 마음을 살피시는 이가 성령의 생각을 아시나니 이는 성령이 하나님의 뜻대로 성도를 위하여 간구하심이니라 _롬 8:26-27

성령은 우리의 연약함을 아시고 우리가 바르게 구하도록 도우십니다. 그뿐 아니라 마음을 살피시는 하나님의 생각과 뜻대로 우리를 위해 친히 간구하십니다.

이렇게 예수님은 하늘에서 우리를 위해서 중보하시고, 우리 마음 안에 내주하시는 성령님은 우리를 위해 간구하십니다. 중보기도는 제사장적 사역이자 가장 고귀한 사역으로 모든 그리스도인의 의무이자 특권입니다. 하지만 오래도록 신앙생활을 했지만, 자신과 가족만 위해 기도하는 사람이 많습니다. 왜냐면 중보는 이기적인 우리의 본성을 거스르는 일이기 때문입니다. '나도 힘든데 남을 어떻게 돌아본단 말인가' 생각하는 것입니다. 시작하더라도 끝까지 하기가 힘듭니다.

또 남을 위한 중보는 겉으로 잘 드러나지도 않습니다. 아니 드러내서는 안 되는 경우도 있습니다. 사람들이 알아주는 일이면 우리는 신이 나서 합니다. 그런데 중보는 그렇지가 않습니다. 그래서 중보의 삶을 살려면 은혜의 줄을 붙들어야 합니다. 은혜 생활을 하지 않으면서 은혜를 베풀기가 불가능합니다.

우리의 대제사장 되시는 예수님으로부터 지치지 않는 힘을 공급 받고, 내주하시는 성령님의 도우심을 받는 것이 기도의 삶에서 매우 중요합니다. 우리는 모두 하나님의 은혜를 입었고, 또 누군가의 은혜를 입고 살고 있습니다. 이제 우리 또한 누군가에게 은혜를 베푸는 삶을 살아가면 좋겠습니다. 그 누군가에게 줄 수 있는 최고의 은혜, 최고의 사랑은 그 사람을 위한 진심 어린 기도입니다.

셋째, 중보기도는 사탄의 궤계를 물리칩니다.

> 시몬아, 시몬아, 보라 사탄이 너희를 밀 까부르듯 하려고 요구하였으나 그러나 내가 너를 위하여 네 믿음이 떨어지지 않기를 기도하였노니 _눅 22:31-32a_

예수님이 반복해서 시몬을 부르십니다. 주로 성경에서 반복해서 말씀하실 때는 강조의 의미가 있지만, 이 본문에서는 안타까움의 부르심입니다. 무엇이 그렇게 안타까우신 걸까요? 주님은 먼저 사탄을 언급하십니다.

> 그는 처음부터 살인한 자요 진리가 그 속에 없으므로… _요 8:44_

사탄은 살인한 자입니다. 지금도 여전히 우리를 죽이려고 달려들고 있습니다. 그러므로 우리는 사탄이 '밀 까부르듯 하려고 한다'는 의미를 짐작할 수 있습니다. 농부들은 알곡과 껍질을 분리해 내기 위해 키질을 합니다. 껍질은 날아가고 알곡은 밑으로 떨어집니다. 그처럼 사탄이 제자들을 키질하듯 흔들어 날려 버리려고, 다시 말해 죽이려고 요청하였다는 의미입니다. 그런데 주님은 기도하셨습니다. 여기서 기도는 다른 사람을 위한 중보를 말합니다. "사탄이 너희를 흔들 거야. 하지만 내가 너를 위해, 네 믿음이 떨어지지 않도록 기도했어"라는 뜻입니다. 즉, 중보는 사탄의 궤계를 물리치는 능력입니다. 죽이려고 흔드는 사탄의 술책을 미리 아시고 중보하심으로 베드로를 비롯한 제자들이 믿음을 잃어버리지 않도록 막아 주신 것입니다. 그리고 부탁하십니다.

너는 돌이킨 후에 네 형제를 굳게 하라_눅 22:32b

예수님은 베드로가 실패할 것을 아셨습니다. 하지만 돌이킨 후에 네 형제를 굳게 하라고 하십니다. 즉, 실패의 자리에서 다시 일어나 형제를 굳게 하라는 사명을 주신 것입니다. 가장 큰 실패는 실패 후 아무 것도 하지 않는 것입니다. 실패를 교훈 삼고 다시 일어난다면 오히려 유익이 됩니다.

우리가 실패해도 다시 일어설 수 있는 이유는 예수님의 결코 포기하지 않으시는 사랑과 은혜가 여전히 우리를 둘러싸고 있기 때문입니다. 예수님의 중보가 있었기 때문입니다. 이런 예수님의 모습은 부모 된 자가 자녀를 키우면서 배워야 할 부분 아니겠습니까?

자녀는 실수도 하고 실패도 하면서 자라갑니다. 그런데 부모는 실패 그 자체를 못 견뎌 하며 막으려 합니다. 자녀가 실수하면 오히려 격려하고 괜찮다 해야 하는데 부모가 더 난리법석을 떱니다. 마치 온 세상이 내려앉은 것같이 말이지요. 그러면 아이가 어찌 다시 일어설 수 있겠습니까? 실패가 두려워 아무것도 하지 못하고 맙니다.

실패를 통해 배우는 것이 더 많음에도 실패하지 못하도록 원천 봉쇄해 버리고, 아이를 치마폭에 꽁꽁 싸매어 버리면 면역력이라고는 조금도 없는 나약한 아이가 되고 맙니다. 부모가 평생 자녀의 인생을 책임질 수 없습니다. 그리고 그것은 진정한 사랑이 아닙니다. 사탄은 우리로 착각하게 만듭니다. 결국 나중에는 자식도 울고, 부모도 울게 되는 일이 생깁니다. 후회해도 소용없습니다.

> 우리의 씨름(싸움)은 혈과 육을 상대하는 것이 아니요 통치자들과 권세들과 이 어둠의 세상 주관자들과 하늘에 있는 악의 영들을 상대함이라_엡 6:12

사도 바울은 눈에 보이는 것이 전부가 아니라고 합니다. 하늘에 있는 악의 영들을 상대해야 한다고 분명히 말씀하고 있습니다. 특히 사춘기 자녀를 둔 부모는 귀담아들어야 합니다. 사춘기 아이들은 정서적인 불안을 겪습니다. 호르몬의 영향도 받고요. 그런데 자녀가 방황한다고 부모도 덩달아 같이 흔들리면 그 집안에 바람 잘 날이 없을 것입니다. 혼란하고 불안한 상황과 환경은 사탄이 활동하기에 딱 좋지 않습니까?

자녀가 좀 엇나가고 실수해도, 부모의 성에 안 차더라도 고치려 들기보다는 먼저 기도하는 것이 부모가 취해야 할 태도입니다. 부모라도 해 줄 수 있는 것이 없을 때가 많습니다. 그러므로 하나님께 맡기고 열심히 중보해야 합니다.

부부간에도 마찬가지입니다. 남편과 아내가 서로 미워하고 싸우다 보면 그 가정이 온전할 수 없습니다. "하나님, 제가 배우자를 도무지 이해할 수 없는데 그 내면에 무슨 생각이 있는 걸까요? 저에게 깨닫는 지혜를 주세요. 그래서 제가 배우자를 잘 이해하고 용납할 수 있도록 도와주세요." 하면 하나님이 깨닫게 하십니다. 그러면 밉던 마음도 불쌍히 여기는 마음으로 바뀌게 됩니다. 오히려 배우자를 위해서 중보할 수 있게 되는 것입니다.

하나님은 가정이 온전히 세워져 가기를 원하십니다. 영적으로 깨어 기도하다 보면 상대가 누구든 그것은 사람과의 싸움이 아니라 바로 사탄과의 영적 전쟁임을 확연히 느낄 수 있습니다. 눈에 보이는 현상 이면에는 눈에 보이지 않는 배후가 있음을 항상 잊지 말아야 합니다. 그러므로 우리는 누군가를 정죄할 것이 아니라 중보해야 합니다.

우리의 싸움 대상은 자녀나 배우자나 이웃이 아닙니다. 누구든 그들의 연약함을 보면서 중보하는 것이 믿는 자들의 사명입니다.

넷째, 하나님의 뜻이 땅에서 이루어지기 위해서 중보합니다.

그러므로 너희는 이렇게 기도하라 하늘에 계신 우리 아버지여 이름이 거룩히 여김을 받으시오며 나라가 임하시오며 뜻이 하늘에서 이루어

진 것같이 땅에서도 이루어지이다_마 6:9-10

"뜻이 하늘에서 이루어진 것같이"에서 "뜻"은 하나님의 뜻입니다. 하나님의 뜻은 온 인류의 구원입니다. 이 땅에 천국이 임하는 것입니다. 앞에서도 말했듯이 그것을 위해 하나님은 이미 그 아들을 보내셨고, 그 아들을 믿기만 하면 우리 안에 천국이 임합니다. 우리는 그 일을 위해 중보해야 합니다.

이스라엘은 불순종과 우상 숭배로 인해 패망했습니다. 에스겔 선지자는 이스라엘의 징계를 말씀하다 후에는 이스라엘의 회복을 전합니다.

> 내가 너희를 여러 나라 가운데에서 인도하여 내고 여러 민족 가운데에서 모아 데리고 고국 땅에 들어가서 맑은 물을 너희에게 뿌려서 너희로 정결하게 하되 곧 너희 모든 더러운 것에서와 모든 우상 숭배에서 너희를 정결하게 할 것이며 또 새 영을 너희 속에 두고 새 마음을 너희에게 주되 너희 육신에서 굳은 마음을 제거하고 부드러운 마음을 줄 것이며 또 내 영을 너희 속에 두어 너희로 내 율례를 행하게 하리니 너희가 내 규례를 지켜 행할지라_겔 36:24-27

하나님이 이스라엘을 심판하신 이유가 분명히 보입니다. 그들을 모든 더러운 죄와 우상숭배에서 정결케 하사 새 영, 새 마음을 부어 주겠다고 하십니다. 새 백성이 되어 주의 율례와 규례를 지키도록 말입니다.

·이것이 이스라엘을 향한 하나님의 마음이었습니다. 하나님은 무엇보다도 이스라엘의 회복과 구원에 그 뜻을 두셨습니다. 이스라엘이 하나님만 온전히 섬기며 약속하신 그 복을 충분히 누리길 바라셨기 때문입니다. 그런데 이렇게 약속을 하시면서 하나님은 마지막에 분명히 못을 박으십니다.

> 주 여호와께서 이같이 말씀하셨느니라 그래도 이스라엘 족속이 이같이 자기들에게 이루어주기를 내게 구하여야 할지라_겔 36:37a

이것이 이미 주 예수를 믿고 구원의 복을 누리고 있는 우리가 수많은 영혼의 구원을 위해 중보해야 할 이유입니다. 하나님은 저들이 구원받기를 너무도 기다리십니다. 하나님의 뜻과 우리의 간절한 기도가 만나는 곳에 진정한 회복과 구원의 은혜가 임할 줄 믿습니다. 그곳에 하나님의 역사가 일어날 것입니다.

구체적으로 끈질기게 기도하라

하나님은 우리가 기도 제목을 구체적으로 언급하기 원하십니다. 막연한 기도는 하나님이 들어주시면 좋고, 또 안 들어주셔도 어쩔 수 없다는 태도입니다. 그러면 무언가가 이루어졌을 때에도 하나님의 응답인지 아니면 다른 이유 때문인지 잘 분별할 수 없게 됩니다. 하지만 구체적으로 기도할 때 하나님의 응답하심을 분명히 알 수 있습니다. 구체적이라는 것은 그만큼 신뢰한다는 의미가 포함되어 있습니다. 무엇보다 기도할 때 하나님 앞에서 실패를 예상해서는 안 됩니다.

자녀가 시험에서 실수하지 않고 침착하게 문제를 잘 풀게 해 달라고 기도해 놓고서는 자녀가 실수로 문제를 틀렸다고 하니, "내 이럴 줄 알았다…" 한다면 그 엄마의 기도는 헛됩니다. 우리는 응답을 예상하고 기도해야 합니다. 이것이 믿음입니다. 하나님은 우리의 기도에 응답하지 않으신 적이 없습니다. 거절도, 침묵도 하나님의 응답 중 하나입니다. 그 안에는 하나님의 놀라운 뜻이 숨어 있습니다.

하나님에 대한 확신이 있다면 우리는 대충 기도할 수 없습니다. 구체적으로 간절히 기도하는 우리의 태도에서 하나님을 향한 신뢰를 찾아볼 수 있습니다.

바울을 통해 구체적인 기도가 무엇인지 살펴봅시다.

> 형제들아 내가 우리 주 예수 그리스도와 성령의 사랑으로 말미암아 너희를 권하노니 너희 기도에 나와 힘을 같이하여 나를 위하여 하나님께 빌어 나로 유대에서 순종하지 아니하는 자들로부터 건짐을 받게 하고 또 예루살렘에 대하여 내가 섬기는 일을 성도들이 받을 만하게 하고 나로 하나님의 뜻을 따라 기쁨으로 너희에게 나아가 너희와 함께 편히 쉬게 하라_롬 15:30-32

사도 바울은 "나를 위해서 기도해 주십시오"라고만 하지 않았습니다. '유대에 있는 믿지 않는 자들에게서 화를 입지 않도록, 바울이 예루살렘으로 가져가는 구제헌금이 그곳 성도들에게 기쁜 선물이 되도록, 바울이 하나님의 뜻을 따라 기쁨을 안고 그들에게로 가서 그들과 함께 즐겁게 쉴 수 있도록' 기도해 달라고 구체적으로 요청했습니다. 그는 기도의 능력을 알았고 성도들이 합심해서 기도를 올려드릴 때 그 기도가 응답될 줄 믿었습니다. 또 바울 자신도 성도들을 위해 구체적으로 기도했습니다.

> 우리 주 예수 그리스도의 하나님, 영광의 아버지께서 지혜와 계시의 영을 너희에게 주사 하나님을 알게 하시고 너희 마음의 눈을 밝히사 그의 부르심의 소망이 무엇이며 성도 안에서 그 기업의 영광의 풍성함이 무엇이며 그의 힘의 위력으로 역사하심을 따라 믿는 우리에게 베푸신 능력의 지극히 크심이 어떠한 것을 너희로 알게 하시기를 구하노라_엡 1:17-19

이처럼 구체적으로 기도할 때 구체적인 응답을 받습니다. 때로 우리 기도가 응답되지 않는 것 같아 보이는 것은 기도에 목표가 없기 때문이라고 혹자는 얘기합니다. 그렇다면 우리의 기도를 한 번 점검해 보아야 할 필요가 있겠지요. 자녀를 위해 기도할 때 그냥 단순히 잘되게 해 달라는 기도로는 충분하지 않습니다. 다음과 같이 기도하면 좋습니다.

첫째, 하나님과의 관계를 최우선에 놓고 기도하십시오. 하나님이 어떠한 사랑으로 우리를 사랑하셨는지, 그 사랑을 어떻게 우리에게 나타

내 보이셨는지를 깨닫도록, 자녀가 어릴 때부터 예수 그리스도를 구주로 영접하고 구원의 확신을 갖도록, 하나님이 그들의 삶 가운데 역사하셔서 그들을 향해 갖고 계신 목적을 이루시게 해 드리도록, 그들이 전심으로 하나님을 찾고 주일성수하며 헌신하도록, 죄에 대한 민감성을 가지고, 혹여 죄를 지었을 때 발각되도록 기도해야 합니다.

둘째, 거룩한 주의 백성으로 지녀야 할 경건한 성품을 위해 기도하십시오. 잘못된 열등감이나 우월감을 갖지 않도록, 죄를 미워하고 자기 성질을 잘 다스리도록, 권위를 존중하는 자가 되도록, 또 자기 능력 내에서 최선을 다하며, 삶 속에서 성령의 열매를 맺어 가도록 기도해야 합니다.

셋째, 가족 관계, 친구 관계, 학업, 꿈, 직업과 결혼 등 미래를 위해서 기도하십시오. 자녀의 영적, 정서적, 사회적, 육체적, 생활 전반 등 전인격적인 영역들을 위해 중보해야 할 사명이 우리에게 있습니다.

더 나아가 자녀들이 속한 그룹, 공동체를 위해 중보해야 합니다. 학교, 주일학교, 직장, 동아리 등 자녀들이 만나는 사람들, 환경, 인간관계, 그들과 주고받는 영향력까지 주의 선하신 뜻 가운데 이루어지도록 기도의 지경을 넓혀야 합니다.

넷째, 보호와 안전을 위해 기도하십시오. 악에 빠지지 않도록, 억울한 희생과 훼방으로부터 지켜주시도록, 모든 위험과 사고와 질병과 이 시대의 악한 문화와 악한 자로부터 보호받도록 기도해야 합니다.

다섯째, 우리는 끈질기게 기도해야 합니다.

누가복음 18장에는 끈질긴 과부와 불의한 재판장 이야기가 나옵니다.

예수께서 그들에게 항상 기도하고 낙심하지 말아야 할 것을 비유로 말씀하여 이르시되 어떤 도시에 하나님을 두려워하지 않고 사람을 무시하는 한 재판장이 있는데 그 도시에 한 과부가 있어 자주 그에게 가서 내 원수에 대한 나의 원한을 풀어 주소서 하되 그가 얼마 동안 듣지 아니하다가 후에 속으로 생각하되 내가 하나님을 두려워하지 않고 사람을 무시하나 이 과부가 나를 번거롭게 하니 내가 그 원한을 풀어 주리라 그렇지 않으면 늘 와서 나를 괴롭게 하리라 하였느니라 주께서 또 이르시되 불의한 재판장이 말한 것을 들으라 하물며 하나님께서 그 밤낮 부르짖는 택하신 자들의 원한을 풀어주지 아니하시겠느냐 그들에게 오래 참으시겠느냐 내가 너희에게 이르노니 속히 그 원한을 풀어 주시리라 그러나 인자가 올 때에 세상에서 믿음을 보겠느냐 하시니라

이 비유 속에서 재판장과 하나님이 대조되고 있습니다. 이 비유의 핵심이 무엇입니까?

'사람을 무시하고 하나님을 두려워하지 않는 불의한 재판장일지라도 자신이 번거롭고 괴로운 것을 피하기 위해서, 오직 자신을 위해서 과부의 원한을 풀어주는데, 하물며 너희를 사랑하시는 하나님이 그 택하신 백성들, 곧 하나님의 자녀 된 우리가 밤낮 부르짖는 기도를 들어주시지 않겠는가?'입니다.

주님은 우리가 낙심하지 않고 기도하기를 바라십니다. 우리 기도에 응답해 주시길 누구보다 더 원하시기 때문에 "속히 그 원한을 풀

어 주시리라"고 말씀하십니다. 그런데 주님의 마지막 말씀이 무엇입니까? "그러나 인자가 올 때에 세상에서 믿음을 보겠느냐." 갑자기 믿음을 언급하시는 예수님의 마음이 왠지 슬프게 다가옵니다. 왜 주님은 이렇게 말씀하시는 걸까요? 주님이 원하시는 끈질긴 기도, 응답이 올 때까지 기도의 줄을 놓지 않는 사람들이 많지 않다는 것을 의미하는 것이 아닐까 생각됩니다.

누가 응답될 때까지 끈질기게 낙심하지 않고 기도할 수 있을까요? 믿음을 가진 자입니다. 하나님이 반드시 들어주신다는 믿음을 가진 자는 결코 기도를 포기하지 않습니다. 끈질긴 기도는 믿음의 기도입니다. 그래서 주님은 믿음을 언급하십니다.

기도의 사람, 짐 심발라(Jim Cymbala) 목사님은 이렇게 말했습니다. "하나님께 응답을 구할 때 우리는 그 기도가 매일 쌓여 그 힘이 강력한 물결이 되어 모든 장애물을 쓸어버릴 때까지 인내해야 한다."

하나님은 우리의 기도를 통해 일하십니다. 우리가 기도할 때 포기하지 않는 주님의 사랑과 능력을 경험할 수 있게 됩니다. 그러므로 항상 기도하고 낙심하지 않아야 하겠습니다. 끈질긴 기도의 가치는 하나님이 우리의 기도를 들으신다는 데 있는 것이 아니라 우리가 마침내 주님의 말씀을 들을 수 있게 된다는 데 있음을 기억하며 끈질기게 기도의 줄을 붙드는 우리가 되길 기도합니다.

성구기도와 성구확장기도

성경적으로 기도하는 방법 중 하나는 기도 대상자의 이름을 성경 말씀에 넣어서 기도하는 것입니다. 이것을 성구기도라고 합니다. 그리고 성구기도에서 한 걸음 더 나아간 성구확장기도가 있습니다. 말 그대로 말씀을 묵상하고 묵상한 내용을 따라 계속 확장시켜 가는 기도입니다. 성구확장기도를 하다 보면, 우리 기도가 문제 중심에서 하나님 중심으로 바뀌어 가는 것을 경험할 것입니다. 하나님 중심의 기도를 하게 되면, 기도 생활에 참으로 놀라운 변화와 도약이 일어납니다. 자기 뜻을 중요시하던 데서 하나님의 뜻이 더 중요해지는 단계로 나아가게 됩니다. 예를 들어 보겠습니다.

> 내가 네 갈 길을 가르쳐 보이고 너를 주목하여 훈계하리로다_시 32:8

이 말씀으로 성구기도를 한다면 어디에 이름을 넣으면 될까요? "네/너"입니다.

-하나님, ○○의 갈 길을 가르쳐 보이고 ○○를 주목하여 훈계하옵소서. 아멘!

마지막은 기도의 형태로 '~하옵소서' 또는 '~ 해 주소서'라고 어미만 살짝 바꾸면 됩니다.

* 먼저 자신의 이름을 넣어서 성구기도를 해 봅시다.

- -

* 기도하는 엄마로서 자녀의 이름을 넣어서 성구기도를 해 봅시다.

- -

* 사랑하는 남편의 이름이나 부모님, 중보하는 대상자의 이름을
  넣어 성구기도를 해 봅시다.

- -

성구기도는 능력이 있습니다. 무엇보다 전능하시고 신실하신 하나
님의 말씀으로 기도할 때 우리 마음에 확신이 옵니다. 말씀은 일점일
획도 땅에 떨어지지 않고 반드시 이루어지기에 우리의 기도 역시 그
대로 응답해 주심을 믿습니다.

한 번 더 해 볼까요?

평강의 주께서 친히 때마다 일마다 너희에게 평강을 주시고 주께
서 너희 모든 사람과 함께하시기를 원하노라_살후 3:16

이 말씀으로 성구기도를 한다면 어디에 이름을 넣으면 될까요?
"너희/ 너희 모든 사람"입니다.

- 평강의 주님, 친히 때마다 일마다 ○○에게 평강을 주시고 ○○와 함께하여 주옵소서. 아멘!

* 먼저 자신의 이름을 넣어서 성구기도를 해 봅시다.

----

* 기도하는 엄마로서 자녀의 이름을 넣어서 성구기도를 해 봅시다.

----

* 사랑하는 남편의 이름이나 부모님, 중보하는 대상자의 이름을 넣어 성구기도를 해 봅시다.

기도는 거창한 미사여구나 달변이 아니어도 누구나 할 수 있습니다. 요즘 암송하고 있는 성경 말씀에 이름만 넣고 기도해도 좋습니다. 성구기도는 능력의 기도입니다. 일하다가, 청소하다, 이동 중에 말씀이 생각날 때마다 성구기도를 해 보십시오.

성구확장기도의 예를 들어보겠습니다.

내가 네 갈 길을 가르쳐 보이고/ 너를 주목하여 훈계하리로다_시 32:8

이 말씀은 '네가 가야 할 길을 내가 너에게 가르쳐 줄게/너를 눈여겨보며 너의 조언자가 되어 이끌어 줄게'로 설명할 수 있습니다. 먼저 나온 부분, "내가 네 갈 길을 가르쳐 보이고"로 성구확장기도를 하겠습니다.

- 주님, 주께서 ○○에게(여러분이 중보하는 대상의 이름을 넣으세요) 갈 길을 가르쳐 주실 때 그것을 빨리 깨달을 수 있도록 ○○에게 지혜를 주세요. 아멘!

또 어떻게 기도할 수 있을까요?

- 주님, ○○가 나아갈 길을 가르쳐 주실 때 망설이지 않고 바로 순종하게 하소서. 아멘!

짧은 성구이지만 묵상하다 여러 가지로 기도할 수 있습니다. 뒷부분 "너를 주목하여 훈계하리로다"로 성구확장기도를 해 볼까요?

- 주님, ○○가 자신을 주목하시는 하나님을 인식하여 매사에 그 하나님을 의뢰하게 하소서. 아멘!
- ○○가 뭔가를 결정할 때 올바른 길을 가도록 즉각 훈계하여 주옵소서. 아멘!

지금 한 것처럼 성구확장기도는 성경말씀을 차례로 끊어가면서 그 끊은 부분을 묵상하고 기도하고, 다음 부분으로 넘어갑니다.

이번에는 앞에서 성구기도를 했던 데살로니가후서 3장 16절로 성구확장기도를 해보겠습니다.

> 평강의 주께서 친히 때마다 일마다 너희에게 평강을 주시고/ 주께서 너희 모든 사람과 함께하시기를 원하노라_살후 3:16

평강의 주께서 친히 때마다 일마다 너희에게 평강을 주시고

- ○○의 삶과 행하는 모든 일 위에 주의 평강을 부어 주사 조금도 염려하지 않게 하소서. 아멘!
- 이번 주 ○○의 삶을 통해 주님 주신 평강이 그 이웃에게로 흘러가게 하소서. 아멘!

두 번째 부분을 해 볼까요?

주께서 너희 모든 사람과 함께하시기를 원하노라

- ○○가 언제나 떠나지 않으시며 자신과 항상 함께하시는 하나님을 알고 믿게 하소서. 아멘!
- ○○가 함께하시는 주님을 의지하여 담대하게 신앙의 길을 걸어가게 하소서. 아멘!

같은 말씀으로 성구확장기도를 한다고 해서 두 사람의 기도가 똑

같을 수는 없겠지요? 묵상 내용이 다르기 때문입니다. 예를 든 것처럼 같은 말씀으로 다르게 기도할 수 있습니다.

MIP 기도는 기본적으로 두 사람이 대화식으로 드리는 합심기도입니다. 두 사람이 기도할 때, 성구확장기도도 마찬가지로 짝의 기도에 동의하는 기도를 해 주면 됩니다.

1. ○○의 삶과 행하는 모든 일 위에 주의 평강을 부어 주사 조금도 염려하지 않게 하소서. 아멘!
2. 그렇습니다. ○○가 모든 행함에 있어서 평강 주시는 주로 인해 염려, 걱정하지 않게 하소서. 아멘!

두 번째 부분도 기도 짝의 성구확장기도에 동의하는 기도를 해 보겠습니다.

1. ○○가 언제나 떠나지 않으시며 자신과 항상 함께하시는 하나님을 알고 믿게 하소서. 아멘!
2. 그렇습니다. ○○가 언제나 떠나지 않고 함께하시는 하나님을 매 순간 경험하며 믿음이 자라게 하소서. 아멘!

시편 23편 1절로 성구확장기도를 해 보겠습니다. 1번의 내용에 여러분이 동의기도 해 보세요.

여호와는 나의 목자시니 내게 부족함이 없으리로다_시 23:1

1. ○○가 여호와 하나님을 목자로 삼고 일평생 그 목자를 따르게 하소서. 아멘!
2. 그렇습니다. ○○가 다른 것을 따르지 않고 참 목자이신 여호와 하나님만 일평생 따르게 하소서. 아멘!

한 번 더 해 볼까요?

1. 주님, ○○가 스스로 자기 인생의 주인 되려 했던 교만을 다 내려놓고 참 목자이신 하나님께 자기 인생을 맡기게 하소서. 아멘!
2. 그렇습니다. ○○가 자기 인생의 주인을 여호와 하나님으로 삼게 하소서. 아멘!

이것이 대화식 기도입니다. 혼자서도 얼마든지 말씀을 묵상하고 성구확장기도를 드릴 수 있지요. 그러나 두 사람이 드리는 MIP 기도는 서로의 기도에 동의함으로써 더욱 힘 있는 기도를 할 수 있습니다.

말씀 기도는 힘과 능력이 있습니다. 하나님을 더욱 알아 가게 되고, 그것을 통해 우리 믿음이 자라며, 하나님의 뜻을 따라 기도하기에 확신 있는 기도를 하게 됩니다. 그렇게 믿음의 기도를 올려 드릴 때 응답하시는 하나님의 역사를 보게 될 것입니다. 성구확장기도를 통해 말씀의 검을 휘두르는 중보의 용사로 거듭나기를 바랍니다.

성구기도와 성구확장기도 훈련

①

> 여호와가 너를 항상 인도하여 메마른 곳에서도 네 영혼을 만족하
> 게 하며/ 네 뼈를 견고하게 하리니/ 너는 물 댄 동산 같겠고 물이
> 끊어지지 아니하는 샘 같을 것이라_사 58:11

"너/ 네(영혼)/ 네(뼈)/ 너는"에 자녀 이름 또는 중보대상자의 이름
을 넣어 성구기도를 드립니다.

- 여호와께서 ○○를 항상 인도하여 메마른 곳에서도 ○○의 영혼을 만족하
  게 하며 ○○의 뼈를 견고하게 하사 ○○가 물 댄 동산 같고 물이 끊어지지
  아니하는 샘 같게 하소서. 아멘!

  이제 성구확장기도를 하겠습니다.

여호와가 너를 항상 인도하여 메마른 곳에서도 네 영혼을 만족하게
하며
- ○○가 메마른 곳에서도 ○○를 인도하시는 하나님을 경험하는 인생을 살
  게 하소서. 아멘!

네 뼈를 견고하게 하리니
- ○○의 육신이 약해지지 않도록 그 뼈를 견고하게 하소서. 아멘!

너는 물 댄 동산 같겠고 물이 끊어지지 아니하는 샘 같을 것이라
- ○○가 주님으로 인해 물댄 동산과 물이 끊어지지 않는 샘 같은 풍성한 삶
  을 살며 나누게 하소서. 아멘!

  기도 짝과 함께하는 대화식 기도로 하면 다음과 같습니다.

1. ○○가 메마른 곳에서도 ○○를 인도하시는 하나님을 경험하는 인생을
   살게 하소서. 아멘!
2. 그렇습니다. 그리하여 ○○의 영혼이 언제나 하나님으로 인해 만족을 누
   리게 하소서. 아멘!

1. ○○의 육신이 약해지지 않도록 그 뼈를 견고하게 하소서. 아멘!
2. 그렇습니다. 영혼뿐 아니라 육신도 견고케 하시는 하나님을 ○○가 경험
   하게 하소서. 아멘!

1. ○○가 주님으로 인해 물 댄 동산과 물이 끊어지지 않는 샘 같은 풍성한
   삶을 살며 나누게 하소서. 아멘!
2. 그렇습니다. 풍성한 삶을 통해 예수 그리스도의 복음이 ○○를 통해 흘러
   가게 하소서. 아멘!

②

> 모든 은혜의 하나님 곧 그리스도 안에서 너희를 부르사 자기의 영
> 원한 영광에 들어가게 하신 이가/ 잠깐 고난을 당한 너희를 친히
> 온전하게 하시며 굳건하게 하시며 강하게 하시며 터를 견고하게
> 하시리라_ 벧전 5:10

"너희"에 자녀 이름 또는 중보대상자의 이름을 넣고 성구기도를
드립니다.

- 모든 은혜의 하나님 곧 그리스도 안에서 ○○를 부르사 자기의 영원한 영
  광에 들어가게 하신 하나님께서/ 잠깐 고난을 당한 ○○를 친히 온전하게
  하시며 굳건하게 하시며 강하게 하시며 터를 견고하게 하옵소서(또는 견고하
  게 하실 줄 믿습니다). 아멘!

이제 성구확장기도를 하겠습니다.

모든 은혜의 하나님 곧 그리스도 안에서 너희를 부르사 자기의 영원
한 영광에 들어가게 하신 이가
- 하나님, ○○가 그리스도 안에서 ○○를 부르신 은혜의 하나님을 늘 기억
  하며 감사와 감격을 잃지 않게 하소서. 아멘!

잠깐 고난을 당한 너희를 친히 온전하게 하시며 굳건하게 하시며 강
하게 하시며 터를 견고하게 하시리라

- 하나님, ○○가 하나님의 관점을 갖게 하사 고난을 당할지라도 아주 잠깐 당하는 고난으로 여기고 잘 인내하게 하소서. 아멘

기도 짝과 함께하는 대화식 기도로 하면 다음과 같습니다.

1. 하나님, ○○가 그리스도 안에서 ○○를 부르신 은혜의 하나님을 늘 기억하며 감사와 감격을 잃지 않게 하소서. 아멘!
2. 그렇습니다. ○○가 언제나 은혜의 하나님을 기억하며 요동치 않는 믿음의 사람이 되게 하소서. 아멘!

1. 하나님, ○○가 하나님의 관점을 갖게 하사 고난을 당할지라도 아주 잠깐 당하는 고난으로 여기고 잘 인내하게 하소서. 아멘!
2. 그렇습니다. 고난을 통해 ○○를 온전하게 하시며, 굳건하게 하시며, 강하게 하시며, 터를 견고하게 하실 하나님을 바라보며 매일 승리하게 하소서. 아멘!

말씀으로 기도할 때 우리에게 믿음과 확신과 소망이 생깁니다. 살아있고 활력이 있는 하나님의 말씀이기 때문입니다.

③

> 여호와의 말씀이니라 너희를 향한 나의 생각을 내가 아나니 평안
> 이요 재앙이 아니니라/ 너희에게 미래와 희망을 주는 것이니라_ 렘
> 29:11

　"너희"에 자녀 이름 또는 중보대상자의 이름을 넣고 성구기도를
드립니다.

- ○○를 향한 하나님의 생각은 평안이요 재앙이 아니며 ○○에게 미래와
　희망을 주는 것임을 ○○가 굳게 믿게 하소서. 아멘!

　성구확장기도를 해 보겠습니다.

여호와의 말씀이니라 너희를 향한 나의 생각을 내가 아나니 평안이
요 재앙이 아니니라

1. 주님, ○○가 하나님의 말씀에 귀 기울임으로 ○○를 향한 하나님의 생각
　이 결코 재앙이 아니라 평안임을 굳게 믿게 하소서. 아멘!
2. 그렇습니다. ○○가 언제나 자신에게 평안을 주시기 원하시는 하나님의
　마음을 깨닫게 하소서. 아멘!

너희에게 미래와 희망을 주는 것이니라

1. ○○가 ○○에게 미래와 희망을 주시는 하나님 안에서 언제나 담대함과
　용기를 잃지 않게 하소서. 아멘!

2. 그렇습니다. ○○가 어떤 상황에서도 하나님께서 주시는 소망을 붙들고 낙심치 않게 하소서. 아멘!

4단계 중보의 확장

MIP 기도의 4단계 중보는 방식과 대상에 따라 일곱 가지로 구분됩니다.

첫째, 말씀 안에 자녀의 이름을 넣어 기도하는 성구기도가 있습니다. 둘째, 그 말씀을 묵상하고 더욱 확장해서 기도하는 성구확장기도가 있습니다. 셋째, 자녀의 필요나 처한 환경과 상황에 따라 구체적으로 기도합니다. 구체적인 기도는 상황마다 달라질 것입니다. 학교 입학이나 졸업, 시험, 친구들과의 관계뿐 아니라 영적인 부분이나 건강의 문제 등 다양한 주제로 기도할 수 있습니다.

넷째, 자녀의 교사를 위한 기도입니다. 인생은 만남입니다. 어떤 교사를 만나느냐가 참 중요합니다. 자녀의 담임교사가 신자일 때와 불신자일 때를 구분하여 기도합니다. 성경 구절에 교사의 이름을 넣어 성구기도, 성구확장기도를 하고 나서 교사를 위한 구체적인 기도를 합니다.

다섯째, 자녀의 학교를 위한 기도입니다. 학교의 교육 정책, 교육 일정, 행사, 비전 등을 놓고 다양하게 기도할 수 있습니다. 교직원들이나 학교의 미래를 위해서도 기도합니다.

여섯째, 주일학교 교사와 주일학교를 위해 기도합니다. 대부분 학교 선생님들에게는 신경을 많이 쓰면서도 정작 자녀의 영혼을 책임지고 있는 교회학교 선생님과 교역자들에게는 무신경한 편입니다. 그러나 매주 만나는 주일학교 교사를 위한 기도는 꼭 필요합니다.

마지막 일곱 번째로는 한국 MIP를 위한 기도달력으로 기도합니다. 기도달력은 한국MIP홈페이지(www.mip.or.kr)에서 매월 업데이트됩니다. 기도달력에는 이 땅에 기도하는 엄마들을 세우기 위한 한국 MIP의 사역과 지역별 기도 제목이 실려 있습니다.

이제 4단계 중보를 확장하여 기도를 완성해 보겠습니다.

4단계 중보 훈련

①

> 평강의 하나님이 친히 너희를 온전히 거룩하게 하시고/ 또 너희의 온 영과 혼과 몸이 우리 주 예수 그리스도께서 강림하실 때에 흠 없게 보전되기를 원하노라_살전 5:23

"너희"에 자녀 이름 또는 중보대상자의 이름을 넣고 성구기도를 드립니다.

- 평강의 하나님, 친히 ○○를 온전히 거룩하게 하시고/ 또 ○○의 온 영과 혼과 몸이 우리 주 예수 그리스도께서 강림하실 때까지 흠 없게 보전하여 주옵소서. 아멘!

성구확장기도를 해 보겠습니다. 성구를 처음부터 빠뜨림 없이 묵상하기 위해 끊어서 기도합니다.

- ○○가 이 세상의 풍조를 따르지 않고 말씀과 기도로 무장하여 거룩한 하나님의 자녀임을 드러내게 하소서. 아멘!
- 이 음란하고 악한 세상 속에서 ○○가 빛과 소금으로 살게 하사 주님 오시는 날 기쁘게 주를 맞이하게 하소서. 아멘!

다음은 구체적인 기도를 드릴 차례입니다. 자녀의 일상을 돌아보며 그를 위해 기도해야 할 제목들을 올려 드립니다.

- 주님, ○○가 매일 말씀과 기도를 삶의 우선순위로 살게 하소서. 아멘!
- ○○가 영적으로 맑고 깨끗하여 하나님을 더 깊이 경험하게 하소서. 아멘!
- 지혜와 집중력, 끈기를 가지고 온라인 수업과 많은 과제들을 잘 감당하게 하소서. 아멘!
- 추석 연휴 동안 친구들을 만날 때 건강과 안전을 지켜주시어 좋은 교제가 이루어지게 하소서. 아멘!
- 거룩의 능력으로 무장하여 하나님 나라 확장에 크게 쓰임받는 아들 되게 하소서. 아멘!

성구기도, 성구확장기도, 구체적인 기도를 드린 후에는 "그렇게 하실 하나님을 기대합니다!"라고 마무리합니다.

이제 학교 교사를 위해 기도할 차례입니다. 이때 신자 선생님과 불신자 선생님으로 나누어 기도합니다.

자녀의 선생님이 신자인 경우에는 에베소서 1장 17-18절 말씀으로 성구기도를 합니다.

- 우리 주 예수 그리스도의 하나님이신 영광의 아버지께서 지혜와 계시의 영을 ○○○ 선생님에게 주셔서 하나님을 더 깊이 알게 하시고 ○○○ 선생님의 마음의 눈을 밝혀 주셔서 교사로 부르심의 소망이 무엇인지 알게 하여 주시옵소서. 아멘!

자녀의 선생님이 불신자라면 사도행전 26장 18절 말씀으로 성구기도를 합니다.

- ○○○ 선생님의 눈을 뜨게 하셔서 어둠에서 빛으로, 사탄의 권세에서 하나님께로 돌아오게 하시고 죄 사함과 예수를 믿어 거룩하게 된 무리 가운데서 기업을 얻게 하옵소서. 아멘!

그다음은 선생님을 위한 구체적인 기도를 합니다.

- 하나님, ○○○ 선생님이 성실히 강의를 준비하여 이해하기 쉽게 풀어내게 하소서. 그래서 학생들과 소통하며 즐겁게 수업을 이끌어 가게 하소서. 아멘!

다음은 학교를 위한 구체적인 기도를 합니다.

- ○○ 학교가 이 어려운 시기에 더욱 학생들에게 관심을 가지고 모든 학사 일정들을 진행하게 하소서. 아멘!
- 학생들이 온라인 수업에 잘 적응하여 집중력을 가지고 학업을 감당해 나가게 하소서. 아멘!

다음은 주일학교 교사를 위한 구체적인 기도입니다.

- ○○부서 담당 교역자들을 축복하사 영적으로 민감하여 어려움 가운데 있는 청년(청소년, 아동 등)들을 주의 사랑으로 잘 이끌게 하소서. 아멘!

다음은 주일학교 부서를 위한 구체적인 기도입니다.

- ○○부서 모든 구성원들이 온라인으로 드리는 예배에 빠짐없이 참여하여 큰 은혜를 받게 하소서. 아멘!
- 어려운 시기에 영적, 심적으로 힘들어하는 구성원들을 주께서 찾아가 주사 만나 주시고 치료해 주소서. 아멘!

마지막으로 한국MIP를 위한 기도달력으로 기도하기가 남았는데, 다른 기도달력을 활용해도 좋습니다. 이 부분은 생략하겠습니다. 이제 MIP 4단계 기도 전체를 마무리합니다.

"오늘도 우리의 기도를 들으시는 하나님께 감사와 영광을 올려드리며 예수님의 이름으로 기도합니다. 아멘!"

②

> 예수께서 이르시되 네 마음을 다하고 목숨을 다하고 뜻을 다하여
> 주 너의 하나님을 사랑하라_ 마 22:37

"네/ 너의"에 자녀 이름 또는 중보대상자의 이름을 넣고 성구기도
를 드립니다.

- ○○가 마음을 다하고 목숨을 다하고 뜻을 다하여 주 하나님을 사랑하게
  하소서. 아멘!

성구확장기도를 하겠습니다.

- 하나님, 우리 ○○가 전심으로 하나님을 사랑하는 참된 예배자가 되게 하
  소서. 아멘!
- 또한 자신을 위해 목숨 바치신 예수님의 사랑을 잊지 않고 기억하며 자신
  또한 생명 다해 하나님 나라 위해 헌신하게 하소서. 아멘!
- 자신의 뜻이 하나님의 뜻과 어긋나지 않도록 늘 말씀을 가까이하며 그 뜻
  에 순종함으로 하나님 사랑을 나타내게 하소서. 아멘!

다음은 구체적인 기도입니다.

- 주님, ○○가 하나님이 찾으시는 온전한 예배자 되게 하소서. 아멘!
- ○○가 항상 말씀과 기도 붙들고 세속의 문화를 이기는 삶 살게 하소서.

아멘!

- 경건한 습관이 몸에 배여 일평생 주를 가까이하게 하소서. 아멘!
- 언제나 해야 할 일을 먼저 하고 난 뒤에 여유의 시간을 누리게 하소서.
  아멘!
- 물질을 지혜롭게 관리하여 낭비 없이 사용하며 나누고 베풀게 하소서.
  아멘!

"그렇게 하실 하나님을 기대합니다!"라고 선포하며 마무리한 후
에 다음 기도로 넘어갑니다.

그 다음은 학교 교사를 위한 기도입니다. 앞에서처럼 신자 선생님
과 불신자 선생님으로 나누어 기도합니다. 신자 선생님인 경우 에베
소서 1장 17-18절 말씀으로 성구기도를 합니다.

- 우리 주 예수 그리스도의 하나님이신 영광의 아버지께서 지혜와 계시의 영
  을 ○○○ 선생님에게 주셔서 하나님을 더 깊이 알게 하시고 ○○○ 선생
  님의 마음의 눈을 밝혀 주셔서 교사로 부르심의 소망이 무엇인지 알게 하
  여 주시옵소서. 아멘!

불신 선생님인 경우 사도행전 26장 18절 말씀으로 성구기도를 합
니다.

- ○○○ 선생님의 눈을 뜨게 하셔서 어둠에서 빛으로, 사탄의 권세에서 하나님께로 돌아오게 하시고 죄 사함과 예수를 믿어 거룩하게 된 무리 가운데서 기업을 얻게 하옵소서. 아멘!

그다음은 선생님을 위한 구체적인 기도 차례입니다.

- 하나님, ○○○ 선생님이 지치지 않고 건강하여서 항상 밝은 웃음으로 학생들을 가르치게 해 주소서. 아멘!

이제 학교를 위한 기도입니다.

- 하나님, ○○ 학교가 세상을 변화시키는 거룩한 하나님의 사람들을 배출하는 명문학교가 되게 하소서. 아멘!

- 학생들이 온라인 수업도 잘 감당함으로 탁월한 실력자들로 준비되게 하소서. 아멘!

이제 주일학교 교사를 위한 기도입니다.

- ○○○ 선생님이 공과를 준비하며 먼저 은혜 받아 그 은혜가 아이들에게 흘러갈 수 있게 하소서. 아멘!

이제 주일학교 부서를 위한 기도입니다. 청년부를 예로 들겠습니다.

- 청년들이 온라인 예배를 통해 큰 은혜 받고 순종의 삶을 살게 하소서. 아멘!
- 더욱 예배와 소그룹 모임을 사모함으로 어려움을 뚫고 나갈 힘을 얻게 하소서. 아멘!

마지막은 기도달력을 이용하거나 기타 기도 제목이 적힌 자료를 활용하여 기도해 주십시오. 이제 MIP 4단계 기도 전체를 마무리합니다.

"오늘도 우리의 기도를 들으시는 하나님께 감사와 영광을 올려드리며 예수님의 이름으로 기도합니다. 아멘!"

4단계 중보 짝 기도 훈련

▶ 이제 우리 자녀를 위한 중보기도를 하겠습니다.

먼저 ◇◇를 위해 성구기도를 하겠습니다.

> 여호와께서 ◇◇를 항상 인도하여 메마른 곳에서도 그의 영혼을
> 만족하게 하시며/ ◇◇의 뼈를 견고하게 하사/ 물 댄 동산 같고 물
> 이 끊어지지 아니하는 샘 같게 하소서_사 58:11

성구확장 기도

1. ◇◇의 영혼이 메마른 곳에서도 주님 한 분으로 인해 만족하게 하소서. 아멘!

2. 그렇습니다. 메마른 곳에서도 ◇◇가 자기 영혼을 붙드시는 하나님을 경험함으로 만족하게 하소서. 아멘!

1. ◇◇의 뼈를 견고케 하셔서 성장 과정에 알맞게 건강하게 자라게 하소서. 아멘!

2. 그렇습니다. ◇◇가 영혼뿐만 아니라 육체도 강건한 아이로 성장하게 하소서. 아멘!

1. ◇◇를 하나님의 은혜로 덮으사 물 댄 동산과 물이 끊어지지 않는 샘 같게 하여 주소서. 아멘!

2. 그렇습니다. ◇◇가 주님의 인도하심을 따라 살며 늘 풍성히 채우시는 하나님을 경험하게 하소서. 아멘!

▶ ◇◇를 위해 구체적으로 기도하겠습니다.

1. ◇◇가 누구보다도 하나님을 사랑하는 믿음의 사람이 되게 하소서. 아멘!

2. 그렇습니다. ◇◇가 친구, 공부, 운동, 그 어떤 세상 즐거움보다 하나님을 사랑하고 섬기는 믿음의 사람이 되게 하소서. 아멘!

1. ◇◇가 중학교에 들어가서 좋은 선생님, 좋은 친구를 만나게 하소서. 아멘!

2. 그렇습니다. ◇◇에게 만남의 복을 주셔서 믿음 좋은 선생님과 친구들을 만나게 하소서. 아멘!

▶ 다음은 □□를 위해 성구기도를 하겠습니다.

성구확장 기도

2. 하나님께서 □□를 인도하심으로 □□의 영혼이 항상 만족함을 누리게 하소서. 아멘!

1. 그렇습니다. 주님만이 □□에게 참 만족이심을 □□가 날마다 경험하게 하소서. 아멘!

2. □□의 육체에 힘을 주셔서 모든 **뼈**와 근육이 강건해지게 하소서. 아멘!

1. 그렇습니다. □□의 몸을 이루는 모든 조직들이 견고하여 건강하게 하소서. 아멘!

2. □□가 물댄 동산이 되어 주님의 은혜를 끊임없이 흘려보내는 풍성한 삶

살게 하소서. 아멘!

1. 그렇습니다. □□의 삶이 주위의 많은 이들을 주께 돌아오게 하는 축복의 통로 되게 하소서. 아멘!

▶ 이제는 □□를 위해 구체적인 기도를 하겠습니다.

2. □□가 고3 과정을 함께 할 좋은 선생님과 친구를 만나게 하소서. 아멘!

1. 그렇습니다. □□에게 좋은 선생님과 좋은 친구를 만나는 복을 허락하소서. 아멘!

2. □□가 고3 과정을 하나님의 은혜와 도우심을 더 많이 느끼며 즐겁게 보내게 하소서. 아멘!

1. 그렇습니다. □□가 고3 과정 가운데 함께하셔서 도우시는 하나님의 은혜를 충만하게 누리게 하소서. 아멘!

▶ 그렇게 하실 하나님을 기대합니다. 아멘!

▶ 이제 학교 교사를 위해 기도하겠습니다. 신자이신 ◇◇이의 '○○○ 선생님'을 위한 기도입니다.

우리 주 예수 그리스도의 하나님이신 영광의 아버지께서 지혜와 계시의 영을 ○○○ 선생님에게 주셔서 하나님을 더 깊이 알게 하시고 ○○○ 선생님의 마음의 눈을 밝혀 주셔서 교사로 부르심의 소망이 무엇인지 알게 하여 주시옵소서_엡 1:17-18

성구확장 기도

1. ○○○ 선생님에게 지혜와 계시의 영을 주셔서 하나님을 더욱 깊이 알아 가게 하소서. 아멘!

2. 그렇습니다. ○○○선생님이 하나님을 더욱 깊이 알아 가길 즐거워하게 하소서. 아멘!

구체적인 기도

1. ○○○ 선생님이 교사로서의 정체성과 부르심의 소망을 잊어버리지 않게 하소서. 아멘!

2. 그렇습니다. ○○○ 선생님이 분명한 정체성으로 하나님의 뜻을 이루는 선생님이 되게 하소서. 아멘!

▶ 불신자이신 □□의 '○○○ 선생님'을 위한 기도입니다.

○○○ 선생님의 눈을 열어 주셔서 어두움에서 빛으로, 사탄의 권세에서 하나님께로 돌아오게 하시고 죄 사함과 예수를 믿어 거룩하게 된 무리 가운데서 기업을 얻게 하옵소서_행 26:18

성구확장기도

2. ○○○ 선생님의 마음 문을 열어 주사 우리에게 영생을 주신 하나님을 만나게 하소서. 아멘!

1. 그렇습니다. ○○○ 선생님이 예수 그리스도를 믿음으로 하나님 자녀가 되게 하여 주소서. 아멘!

구체적인 기도

2. ○○○ 선생님이 학급 아이들에게 지속적인 관심과 사랑으로 먼저 다가
가게 하소서. 아멘!

1. 그렇습니다. ○○○ 선생님이 열린 마음으로 아이들을 대하며 사랑으로
지도하게 하소서. 아멘!

▶ **이제 학교를 위해 기도하겠습니다. ◇◇의 ○○중학교를 위해 기도하겠
습니다.**

1. ○○중학교 교사와 학생들이 새 학기의 수업과 환경에 잘 적응해 나갈 수
있도록 도우소서. 아멘!

2. 그렇습니다. 새 학기에 대한 기대감으로 교사와 학생들 모두가 즐겁게 잘
적응하게 하소서. 아멘!

▶ **□□의 ○○여고를 위해 기도하겠습니다.**

2. ○○여고가 일률적인 교육이 아니라 개개인의 소질을 개발하고 지도하는
학교 되게 하소서. 아멘!

1. 그렇습니다. ○○여고가 개개인의 소질을 개발시켜 학생들로 하여금 탁
월한 선택을 하도록 격려하는 학교가 되게 하소서. 아멘!

▶ **이제 주일학교 선생님을 위해 기도하겠습니다.
먼저 ◇◇의 중등부 ○○○선생님을 위해 기도하겠습니다.**

1. ○○○ 선생님이 맡겨 주신 아이들을 사랑하고 말씀을 가르치기에 부

족함이 없도록 성령으로 충만케 하여 주소서. 아멘!

2. 그렇습니다. ○○○ 선생님에게 먼저 말씀의 은혜를 부어주셔서 기쁨으로 교사의 직분을 감당하게 하소서. 아멘!

▶ □□의 고등부 ○○○ 선생님을 위해 기도하겠습니다.

2. ○○○ 선생님이 아이들을 사랑함이 따뜻한 축복의 메시지, 중보의 무릎, 전화, 심방 등의 적극적인 표현으로 드러나게 하소서. 아멘!

1. 그렇습니다. ○○○ 선생님이 한 해 동안 맡은 아이들을 품고 기도하며 적극적인 사랑의 표현으로 섬기게 하소서. 아멘!

▶ 이제 주일학교의 주요 사안을 위해서 기도하겠습니다.
  먼저 ◇◇의 중등부를 위해 기도하겠습니다.

1. 매주 중등부 암송반 아이들이 암송하기를 더욱 기뻐하게 하소서. 아멘!

2. 그렇습니다. 중등부 암송반 아이들이 암송을 하면 할수록 기쁨이 충만하게 하소서. 아멘!

▶ □□의 고등부를 위해 기도하겠습니다.

2. 아이들이 토요일에 늦게 자고 아침에 못 일어나 예배에 지각하거나 결석하는 안타까움이 없도록 주일성수 신앙을 세워 주소서. 아멘!

1. 그렇습니다. 주일성수하기 위해 믿음의 결단과 행동을 하는 고등부 아이들이 되게 하소서. 아멘!

▶ 이제 기도하는 엄마들 사역을 위한 중보기도를 하겠습니다. 한국MIP본부 기도달력으로 기도하겠습니다(매주 홈페이지에서 업데이트 된 기도달력을 다운 받으세요).

▶ 오늘도 우리의 기도를 들으시는 하나님께 감사와 영광을 올려드리며 예수님의 이름으로 기도합니다. 아멘!

MIP 기도의 확장

　지금까지 말씀으로 기도하는 MIP 기도의 4단계를 나누었습니다. 자녀와 학교를 위해 기도하는 엄마들(MIP)의 기도방식이지만 다양한 형태의 중보기도 그룹 안에서 활용할 수 있습니다. 이미 여러 번 언급한 대로 어린이집부터 유·초·중·고·대학교를 위한 그룹, 특수 아동을 위한 그룹, 군대 간 자녀를 위한 그룹, 직장인 자녀를 위한 그룹, 손주들을 양육하거나 기도하기 원하는 할머니 그룹, 직장맘들을 위한 그룹, 남편들을 위해 기도하기 원하는 여성들의 그룹, 주일학교를 위한 교사그룹, 다음 세대 및 다음 세대를 위한 그룹, 고아원 및 영아원 사역팀, 교회와 목회자를 위한 중보기도사역 및 전도팀 등에 사용되고 있습니다.